Die Welt aus Schildkrö[illegible]ht

Keine Quasselstrippen

Schildkröten reden nicht. Die einzigen Laute, die sie ausstoßen, ist ein Zischen oder ein Fauchen, wenn sie sich erschrecken oder erregt sind. Man kann es hören, wenn sie sich in den Panzer zurückziehen oder bei der Paarung.

Wenn der Boden bebt

Das hat nicht jeder: Schildkröten sind mit seismischen Fähigkeiten ausgestattet, das heißt, sie merken kleinste Erschütterungen im Boden. Nicht nur bei Erdbeben, sondern auch, wenn sich ihr Pfleger oder eine andere Schildkröte nähert.

Echte Draufgänger

Paarungsbereite Männchen sind ganz schöne Draufgänger. Wenn sie an einem Weibchen interessiert sind, wird dieses hektisch umrundet und beschnuppert. Will sie nicht stehen bleiben, beißt er ihr in die Beine und rammt sie. Ein echter Rambo!

Undercover

Junge Schildkröten leben gern versteckt. Sie bewegen sich unter dichter Vegetation fort und verbergen sich in Höhlen. Nur zum Sonnen kommen sie an eine offene Stelle. Allerdings nur kurz, denn so ein junges Leben ist ziemlich gefährdet.

Zusammengefaltet

Nach der Paarung legt das Weibchen Eier, die es in einem Sandhügel vergräbt. Danach brütet die Natur die Eier aus. Kleine Landschildkröten sind nach dem Schlupf noch in der Mitte gefaltet, bis sie die normale Form annehmen.

Überwiegend vegetarisch

Schildkröten sind Allesfresser. Sie leben vorwiegend von Gräsern und Kräutern, Blättern und ab und zu etwas Obst. Allerdings verspeisen sie auch ab und zu mal einen Wurm, wenn sie einen finden – sozusagen als Proteinhappen.

Ein Leben mit den Jahreszeiten

Schildkröten leben mit den Jahreszeiten. Im Frühling erwachen sie, im Sommer fressen sie und pflanzen sich fort, im Herbst begeben sie sich in die Winterstarre. Damit der Biorhythmus nicht durcheinandergerät, wollen Schildkröten auch bei uns in Freilandanlagen leben.

Oh, Löwenzahn!

Schildkröten haben ziemlich gute Augen und einen feinen Geruchssinn. Eine gelbe Löwenzahnblüte sehen sie über eine große Distanz und machen sich zielstrebig auf den Weg. Sie erkennen übrigens auch ihren Pfleger.

Eingefrorene Aktivitäten

Wird es kalt, fahren Schildkröten ihre Aktivitäten herunter und suchen sich ein frostsicheres Versteck für den Winter, meistens eine Höhle. Sie drosseln ihren Stoffwechsel und fallen in die Winterstarre, die bis zum nächsten Frühling dauert.

Inhalt

1

Ernähren und pflegen 32

Verstehen und beschäftigen 60

Service 70

1

Kaufen und versorgen

Gepanzerte Gefährten

Wesen aus einer anderen Zeit

Manche Menschen halten Schildkröten für gemütlich und beschaulich, andere für weise. Sie sind ein Symbol für Zeit, spätestens seit Michael Endes „Momo". Selbst bei jenen Zeitgenossen, die Reptilien nicht so viel abgewinnen können, nehmen Schildkröten eine Sonderstellung ein. Nicht zuletzt wegen ihres archaischen Wesens haben Schildkröten schon in den unterschiedlichsten Kulturen Menschen in ihren Bann gezogen. Sie wurden sogar als heilige Tiere verehrt.

Eine Maurische Landschildkröte durchstreift ihr Revier.

Lebende Fossilien

Schildkröten werden von Wissenschaftlern auch als „lebende Fossilien" betrachtet, denn sie haben seit über 200 Millionen Jahren ihre typische Gestalt nicht verändert. Aufgrund ihrer besonderen Genügsamkeit und Anpassungsfähigkeit konnten sie Jahrmillionen überdauern. Schildkröten sind damit noch älter als die Dinosaurier!

Ein Leben in Zeitlupe

Die gepanzerten Tiere haben nicht nur die Zeit überdauert, auch als Individuum werden sie recht alt. Je nach Art und Haltungsbedingungen sind 100 – 120 Jahre keine Seltenheit. Bei ihnen dauert eben alles etwas länger: Sie bewegen sich gemütlich fort, fressen bedächtig, verdauen über viele Tage, werden mit 8 – 12 Jahren geschlechtsreif und wachsen bis ans Ende ihres Lebens. Also ein Leben in Zeitlupentempo.

Schildkröten haben seit über 200 Millionen Jahren einen unveränderten Grundbauplan.

→ *Von Halsbergern und Halswendern*
Die Schildkröten gehören zu den Reptilien und bilden dort eine eigene Ordnung. Hier werden sie in zwei Unterordnungen eingeteilt, nämlich in Halsberger (Cryptodira) und in Halswender (Pleurodira). Während die Vertreter der Halsberger in der Lage sind, zur Ruhe oder bei Gefahr ihren Kopf in den Panzer zurückzuziehen, können die Halswender den langen Hals und den Kopf nur seitlich an den Panzer anlegen.

Vorsicht, Wild!
Während Hunde, Katzen, Meerschweinchen und andere ehemalige Wildtiere schon lange zu „Haustieren" wurden, sind und bleiben Schildkröten Wildtiere. Auch wenn sie bei vielen Kindern auf dem Wunschzettel stehen, sind sie weder Spielzeug noch Kuscheltier. Sie gehören auch nicht ins Wohnzimmer, sondern brauchen eine Freilandanlage, damit sie artgerecht leben können.

Wasser, Sumpf und Land
Insgesamt gibt es über 250 Schildkrötenarten, die aufgrund übereinstimmender Merkmale auch in verschiedene Familien zusammengefasst werden. Die meisten Arten leben im Wasser, einige in sumpfigen Bereichen und manche Arten sind lediglich auf dem Land zu finden. Man findet Schildkrötenarten im Meer, in verschiedenen Fluss- und Seenlandschaften, in den Mangrovensümpfen, aber auch in Buschlandschaften, Steppen und Trockenwäldern bis hin zu Wüstenregionen.

Landschildkröten
Die Landschildkröten bilden innerhalb der Schildkrötensystematik eine eigene Familie Testudinidae mit relativ wenigen Gattungen (z. B. *Centrochelys, Chersine, Geochelone, Gopherus, Hompopus, Indotestudo, Kinixys, Malacochersus, Manouria, Psammobates, Pyxis, Stigmochelys* und *Testudo*) und insgesamt 40 Arten. Generell hält man sich an die wissenschaftlichen Namen, da die deutschen Bezeichnungen nicht geschützt sind. In diesem Buch werden die Arten der europäischen Landschildkröten beschrieben, die man am besten in Freianlagen halten kann. Die Haltung im Zimmerterrarium ist nur in Ausnahmefällen erforderlich, zum Beispiel wenn ein Tier krank ist.

Zu einer optimalen Freilandanlage gehören eine sichere Umfriedung, Schutzhäuser, schattige und sonnige Stellen sowie Eiablageplätze.

EXTRA

Ein kleines Wunderwerk

Bauplan einer Landschildkröte

Auf den ersten Blick scheint der Bauplan einer Schildkröte immer gleich: Panzer, Kopf, Vorder- und Hinterbeine, Schwanz, das war's! Doch wenn man genauer hinsieht, entdeckt man viele Unterschiede:

Der Kopf

Landschildkröten haben eine typische Kopfform. Die Schnauze ist mit einer Hornscheide ausgestattet, die sehr gut zum Abbeißen zu gebrauchen ist. Die Augen liegen etwas in den Höhlen und sind gewöhnlich trocken und klar. Auch die Nasenlöcher sind trocken und sondern keinen Schleim ab. Das Trommelfell ist deutlich erkennbar. Öffnet die Schildkröte das Maul, sieht man die dicke, fleischige Zunge.

Der Panzer

Der Panzer ist das auffälligste Merkmal aller Schildkröten. Er wird deutlich in einen Rückenpanzer (Carapax) und einen Bauchpanzer (Plastron) untergliedert. Beide sind durch eine Brücke miteinander verbunden. Je nach Familie kann der Panzer recht unterschiedlich geformt sein. Selbst bei den europäischen Landschildkröten sind deutliche Unterschiede erkennbar, sodass man sie bereits anhand dieser Merkmale unterscheiden kann.

Unter dem äußersten Hornpanzer befindet sich der eigentliche Knochenpanzer. Zwischen Knochenpanzer und Hornpanzer liegt eine gut durchblutete Hautschicht, die auch mit Nervenbahnen ausgestattet ist. Die Hornplatten des Hornpanzers sind bei Landschildkröten immer gleich angeordnet und nicht identisch mit den Platten des Knochenpanzers. Lediglich in der Form und Größe können sich Unterschiede ergeben.

Wirbelsäule und Schultergürtel

Bei Schildkröten ist die Wirbelsäule fest mit dem Knochenpanzer verwachsen. Nur die Hals- und Schwanzregion sind frei beweglich. Während der kurze Schwanz seitlich an den Panzer angelegt werden kann, können die Landschildkröten ihren Kopf mit dem Hals in den schützenden Panzer ziehen (Halsberger). Auch Schulter- und Beckengürtel sind am Aufbau des Knochenpanzers beteiligt und beide um einige Elemente reduziert.

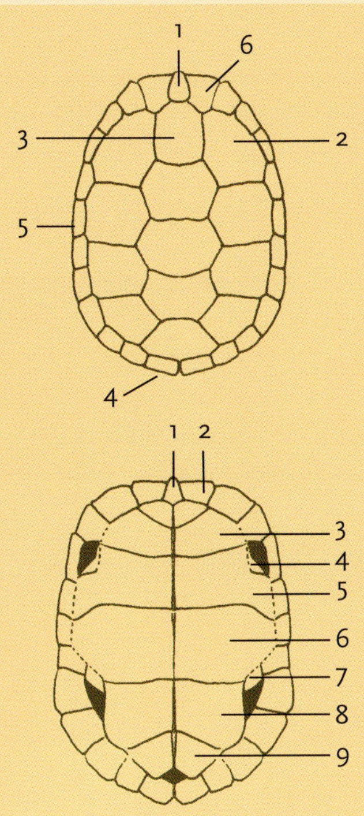

Rückenpanzer (Carapax)
1 Nackenschild *(Nuchale, Cervicale)*
2 Rippenschild *(Pleurale, Costale)*
3 Wirbelschild *(Centrale, Vertebrale)*
4 Schwanzschild *(Caudale)*
5 Randschild *(Marginale)*
6 *Supramarginale*

Bauchpanzer (Plastron)
1 Zwischenkehlschild *(Intergulare)*
2 Kehlschild *(Gulare)*
3 Armschild *(Humerale)*
4 Achselschild *(Axillare)*
5 Brustschild *(Pectorale)*
6 Bauchschild *(Abdominale)*
7 Weichenschild *(Inguinale)*
8 Schenkelschild *(Femorale)*
9 Afterschild *(Anale)*

Die Gliedmaßen

Landschildkröten besitzen ausgeprägte Klumpfüße. Auch wenn sie nicht sonderlich gelenkig wirken, sind sie gute Kletterer. Steine, Wurzeln und andere Gegenstände, die im Weg liegen, werden sicher überwunden. Aber sie erklimmen nicht nur Wurzeln und Steine, sie können auch gut Löcher buddeln. Vor allem die weiblichen Tiere graben Gruben, um ihre Eier abzulegen. Dabei helfen die an allen Gliedmaßen befindlichen Hornkrallen. Bei manchen Landschildkröten findet man auf den Oberschenkeln Höckerschuppen, die bei der Unterscheidung europäischer Landschildkröten eine Rolle spielen.

Ganz schön angepasst

Wechselwarme Lebewesen

Die Breitrandschildkröte lebt in Griechenland (oben), während die Italienische Landschildkröte auch auf Mallorca zu Hause ist (unteres Bild).

Alle Reptilien, also auch Schildkröten, gehören zu den „poikilothermen“ oder, besser verständlich, zu den „wechselwarmen“ Lebewesen. Das bedeutet, dass ihre Körpertemperatur immer von der Außentemperatur abhängig ist. Für die meisten tropischen Landschildkröten ist das kein Problem.

Klima und Körpertemperatur

Bei tropischen Landschildkröten spielt das keine große Rolle, da das Klima in den natürlichen Lebensräumen immer gleich warm bleibt. Die Schildkröte braucht sich also nicht auf Temperaturschwankungen einzustellen und kann ganzjährig ihren Aktivitäten nachgehen. Hierzu zählt nicht nur die Bewegung, sondern auch die Nahrungsaufnahme und die Fortpflanzung. Die aufgenommene Nahrung kann unter günstigen Temperaturen problemlos verdaut werden.

Anders ist die Situation bei Landschildkröten aus den gemäßigten Breiten. Hierzu gehören auch unsere europäischen Landschildkröten, die auf den folgenden Seiten aufgeführt sind.

Schutz vor Hitze und Kälte

Eine besonders extreme Anpassung an ihren Lebensraum verlangte die Natur von der Vierzehenschildkröte *(Agrionemys horsfieldii)*, die auch immer wieder im Zoofachhandel angeboten wird. Als Bewohnerin der kargen Steppen muss sie – wie auch einige andere Lanschildkröten aus extremen Steppen- und Halbwüstenbereichen (z. B. *Geochelone sulcata*) – tagsüber in selbst gegrabenen Bodenhöhlen Schutz vor übermäßiger Hitze oder Kälte suchen. Die beiden genannten Arten sind jedoch nicht so leicht zu halten und gehören nicht zu den europäischen Landschildkröten.

Auch der Stoffwechsel, der Herzschlag und alle anderen Körperfunktionen verlangsamen immer mehr, sodass die Schildkröten in eine Art Starre verfallen. Man spricht deshalb bei ihrer kühlen Ruhephase nicht von einer Winterruhe oder einem Winterschlaf, sondern von einer „Winterstarre"! Zuvor zieht sie sich in ein geschütztes Versteck zurück, wo sie die kalte Jahreszeit sicher überstehen kann. Meistens sind es kleine Höhlen, in die kein Wasser und kein Frost dringen kann.

Undercover – ein Leben im Verborgenen

Entgegen einer weitverbreiteten Meinung sind Landschildkröten eigentlich keine Sonnenanbeter. Nachdem sie ihre Vorzugs-Körpertemperatur, etwa 28 – 30 °C, z. B. durch ein morgendliches Sonnenbad oder durch die warme Umgebungstemperatur erreicht haben, ziehen sie sich gewöhnlich in Deckungen zurück, um dort ihr verborgenes Leben zu führen. Bei den europäischen Landschildkröten sind es oft mit Brombeeren überwucherte Gräben oder das Dickicht der Macchia, Garrigue oder Phrygana, in denen sich das Leben dieser Reptilien abspielt. Nur relativ selten kann man sie in der Natur auch außerhalb ihrer Versteckbereiche beobachten, gewöhnlich während der Paarungszeit, wenn sie auf der Suche nach Partnern sind.

Gerne verstecken sich Landschildkröten unter Büschen und Sträuchern.

Energiesparende Winterstarre

Während der Mensch immer Energie benötigt, um seine Körpertemperatur konstant auf 36 – 37 °C zu halten – und diese immer wieder erneuern muss, passen sich die Schildkröten der gemäßigten Zonen an die Außentemperatur an. Das heißt, sobald es im Herbst kälter wird, reduziert sich bei Schildkröten nicht nur die Körpertemperatur.

Wind- und wetterfest

- In der kalten Jahreszeit würden europäische Landschildkröten kein Futter finden. Daher begeben sie sich rechtzeitig zur Ruhe.
- Bei dem auf ein Minimum reduzierten Stoffwechsel können die Landschildkröten im ungünstigen Fall monatelang ruhen, ohne erneut Energie aufnehmen zu müssen.
- Steigen die Temperaturen im Frühling, kommt langsam wieder Leben in die Schildkröte. Sie wärmt wieder auf, der Stoffwechsel wird angeregt und das Herz-Kreislauf-System kommt wieder auf Touren.

Grün, braun, gelb mit schwarzen Streifen

Landschildkröten im Porträt

Griechische Landschildkröte

Testudo hermanni boettgeri

Verbreitung: Montenegro, Albanien, Griechenland mit Peloponnes und einigen Inseln, Bulgarien, Rumänien (vermutlich auch in Kroatien, Bosnien-Herzegovina, Mazedonien etc.).

Kennzeichen: Panzerlänge bis 20–28 cm, Merkmale wie bei der Italienischen Landschildkröte, jedoch Panzerfärbung und -zeichnung je nach Population grünlich-gelb bis gelblich-braun mit schwarzer, sehr unterschiedlich ausgeprägter Fleckenzeichnung. Auf dem Plastron schwarzes Fleckenmuster.

Dalmatinische Landschildkröte

Testudo hermanni hercegovinensis

Verbreitung: Kroatien (Dalmatien), Montenegro, vermutlich auch noch an weiteren Stellen. Die Grenzen der natürlichen Vorkommen sind noch unzureichend ermittelt.

Kennzeichen: Panzerlänge bis etwa 17 cm. Ähnlich wie bei der Italienischen Landschildkröte. Das Hüftschild fehlt jedoch, das siebte Randschild ist entweder gar nicht zur Hüftöffnung ausgerichtet oder reicht nicht bis dort. Unsichere Merkmale!

Breitrandschildkröte

Testudo marginata marginata

Verbreitung: Griechenland südlich des Olymps sowie auf einigen ägäischen Inseln. Auf Sardinien angesiedelt.

Kennzeichen: Panzerlänge bis 35 cm. Länglich gestreckter, sehr dunkler Rückenpanzer mit Einschnürung in der Körpermitte und ausladendem Hinterrand mit deutlicher Verbreiterung der hinteren Randschilder (sieht aus wie ein Feuerwehrhelm).

Als „europäische Landschildkröten" werden im allgemeinen Sprachgebrauch die Vertreter der Gattung ***Testudo*** bezeichnet. Hier werden die in Europa vorkommenden Arten kurz vorgestellt.

Maurische Landschildkröte

Testudo graeca

Verbreitung: Südspanien, Süditalien, Sizilien, Ballearen

Kennzeichen: Panzerlänge bis 30 cm, Umriss oval. Der Panzer ist hoch gewölbt und im Gegensatz zu *T. hermanni* mit breiten großen Wirbelschildern ausgestattet. Das Schwanzschild ist gewöhnlich ungeteilt. Der Schwanz endet immer ohne eine Hornspitze. Die Panzerfärbung ist je nach Unterart variabel, jedoch meist ähnlich wie *T. hermanni*. Auf den Oberschenkeln findet man stets vergrößerte Schuppen, eine davon steht spornartig hervor.

Anmerkung: Von dieser Art gibt es diverse Unterarten, die z. T. auch aus Menschenobhut entwichen sind oder sogar angesiedelt wurden.

Italienische Landschildkröte

Testudo hermanni hermanni

Verbreitung: NO-Spanien, Baleraren, Südfrankreich, Korsika, Mittelitalien, Sardinien, Sizilien.

Kennzeichen: Panzerlänge circa 20–28 cm, Umriss oval. Der Panzer ist recht hoch gewölbt und im Gegensatz zu *T. graeca* mit schmalen, kleinen Wirbelschildern ausgestattet. Das Schwanzschild ist gewöhnlich geteilt. Der Schwanz endet immer mit einer Hornspitze (Endnagel). Die Panzerfärbung und -zeichnung besticht durch ihr attraktives gelb/schwarz. Auf dem Plastron findet man zwei schwarze durchgehende Balken. Auf der Außenseite der Oberschenkel befinden sich **keine** spornartigen Schuppen.

Peloponnes-Schildkröte

Testudo marginata weissingeri

Verbreitung: Griechenland (Südlicher Peloponnes, an der Westflanke des Taygetos-Gebirges, zwischen Kalamata (Messina) und Areopoli (Laconia).

Kennzeichen: Panzerlänge 20–22, selten bis 27 cm. Wie Breitrandschildkröte, jedoch Plastron bei den Männchen im Verhältnis zum übrigen Panzer länger und breiter als bei *T. marginata marginata*-Männchen und in der Körpermitte im Brückenbereich breiter. Sie sind außerdem etwas höher gebaut und haben vorne deutlich breitere und hinten höhere Panzeröffnungen.

Anmerkung: Sie wird inzwischen von Experten lediglich als eine Variation der Breitrandschildkröte angesehen.

Personalausweis und Greencard

Jede Schildkröte braucht einen Pass

Da die Schildkröten zu den geschützten Arten gehören, braucht jeder Schildkrötenhalter einen Nachweis, dass er das Tier halten darf.

Schildkröten sind zwar sehr anpassungsfähig, doch aufgrund zahlreicher Veränderungen durch Bebauung, Landwirtschaft etc. sind die Bestände in ihren Heimatländern zurückgegangen. Nicht zuletzt auch dadurch, dass Touristen und Händler Schildkröten aus ihrem Lebensraum entnommen haben, um sie als nettes Souvenir mit nach Hause zu nehmen beziehungsweise zu vermarkten.

Nachweis für geschützte Arten

Um die Bestände zu schützen und den illegalen Wildfängen einen Riegel vorzuschieben, wurden Landschildkröten unter Artenschutz gestellt. Damit man nachweisen kann, dass man rechtmäßiger Besitzer ist, muss man für jede Schildkröte die entsprechende EU-Bescheinigung vorweisen können. Wird das Tier verkauft, wird die EU-Bescheinigung mitgegeben.
Während man in der Vergangenheit lediglich eine amtliche CITES-Bescheinigung erhielt, ist es seit einiger Zeit erforderlich, für eine unverwechselbare Identifizierung von Anhang-A-Arten der Bundesartenschutzverordnung zu sorgen. Außerdem greift inzwischen EU-Recht, sodass man entsprechende EU-Certificate haben muss.
Fotografieren Sie „Ihre" Schildkröten alle zwei bis drei Jahre, um eventuelle Merkmalsveränderungen zu dokumentieren.

Schmerzfrei und sicher: die Fotodokumentation

Jede europäische Landschildkröte zeigt individuelle, unverwechselbare Merkmale auf, ähnlich wie ein Fingerabdruck beim Menschen. Durch entsprechende Fotos kann man diese Merkmale festhalten, sozusagen ein biometrisches Passfoto oder besser gesagt, zwei: nämlich eins vom Rückenpanzer des Tieres und eins vom Bauchpanzer. Bei beiden Aufnahmen muss das Tier waagerecht auf einer Unterlage liegen und die Größe der Schildkröte leicht erkennbar sein. Hierbei wird sie auf eine Unterlage mit einem schwarz-weißen Karomuster gelegt.

Tipp

Perfekte Rückenlage

Da der rundliche Rückenpanzer kaum zulässt, vor allem größere Landschildkröten waagerecht auf der Unterlage zu halten, nimmt man am besten einen entsprechend großen Ring und legt dort die Schildkröte mit dem Rückenpanzer auf. Die höchste Stelle des Rückenpanzers berührt nun die Unterlage und der Ring bleibt bei der Aufnahme unsichtbar. Bei kleineren Schildkröten kann schon ein Kronkorken einer Bierflasche als Stütze genügen!

Der Pass einer Schildkröte: So sieht das EU-Certificate mit Fotodokumentation aus.

Dabei sollte die Kantenlänge der einzelnen Quadrate jeweils einen Zentimeter betragen. So lassen sich nicht nur die Länge und Breite der Schildkröte feststellen, sondern auch ihre individuelle Färbung und Zeichnungsmuster. Während des Wachstums verändert sich zwar das Zeichnungsmuster, doch die meisten Merkmale bleiben erhalten.

Achtung!

Transporterlaubnis

Für Wildfänge, für die ein Haltungsort festgelegt wurde, ist vor deren Transport beim Bundesamt für Naturschutz eine Genehmigung einzuholen! Das betrifft natürlich nicht den Transport zum und vom Tierarzt, wenn die Schildkröten anschließend wieder an ihren alten Standort zurückgebracht werden.

Schildkrötenpass – die notwendigen Papiere

Wenn Sie eine Schildkröte kaufen, muss Ihnen der Vorbesitzer unbedingt die erforderlichen Papiere mitgeben. Achten Sie auf Folgendes:

- → Eine europäische Landschildkröte darf nur mit behördlicher Genehmigung gehalten werden. Als Nachweis gelten die Einfuhrgenehmigungen, bzw. die Befreiung vom Vermarktungsverbot, für die vor Inkrafttreten der EU-Artenschutzverordnung bereits vorhandenen Schildkröten die Bescheinigung über den legalen Erwerb bzw. über die legale Einfuhr.
- → Sofort nach Erwerb des Tieres unter Vorlage der erforderlichen Bescheinigung muss die Schildkröte bei der zuständigen Landsbehörde (Umweltamt der Stadt, des Kreises etc.) angemeldet werden.
- → Alle behördlichen Genehmigungen sowie Tausch-, Kauf- oder Schenkungsbelege werden sorgfältig als Nachweis aufbewahrt.
- → Bestandsveränderungen, wie Schlupf, Todesfälle sowie (genehmigte) Veräußerungen müssen der zuständigen Landesbehörde sofort schriftlich angezeigt werden.
- → Ist für das Tier nur eine einmalige Vermarktungsgenehmigung erteilt worden, muss vor der vorgesehenen Veräußerung diese erneut beantragt werden.
- → Standortveränderungen der Schildkröte (Umzug, anderes Freigehege o. Ä.), sind den zuständigen Landesbehörden schriftlich zu melden.

Richtig aussuchen

Gesunde Schildkröten finden

Test

Sind Sie Schildkröten-fit?

Die folgenden Fragen sollten Sie in Ruhe bedenken und nach bestem Wissen und Gewissen beantworten.

- ☐ **Bin ich bereit, Tag für Tag für meine Schildkröten zu sorgen und das über viele, viele Jahre? (Schildkröten können sehr alt werden!)**
- ☐ **Habe ich genügend Platz im Garten an einem sonnigen Fleck, um meinen Schildkröten eine geräumige Freilandanlage zu bauen, in der sie artgerecht leben können?**
- ☐ **Wohne ich in einer Region, die überwiegend sonnig und warm ist?**
- ☐ **Bin ich bereit, für alle Unkosten aufzukommen, nicht nur für das Futter und die anfallenden Kosten (z. B. Energiekosten für Wärmelampen etc.), sondern auch für eventuelle Tierarztkosten?**
- ☐ **Habe ich schildkrötenkundige Freunde oder Bekannte, die sich während meines Urlaubs gern um die Schildies kümmern und diese zuverlässig versorgen?**

Haben Sie alle Fragen mit „Ja" beantwortet? Prima, dann sind Sie reif für Landschildkröten!

Haben Sie sich schon für Ihre Lieblingsart entschieden und möchten am liebsten sofort losziehen, um sich Ihren gepanzerten Freunde zu kaufen? Sicher möchte ich Sie nicht aufhalten, doch lesen Sie zuerst, was Sie beim Kauf beachten sollten, damit Sie viele Jahre Freude an Ihren Tieren haben.

Lassen Sie sich Zeit

Obwohl Landschildkröten streng geschützt sind, werden in Zoofachgeschäften, in Kleinanzeigen einer Tageszeitung, im Internet oder in entsprechenden Fachzeitschriften immer wieder Schildkrötennachzuchten angeboten. Um nicht gleich eine kranke Schildkröte zu erwerben, sollten Sie sich bei der Auswahl Zeit lassen und sich genau über die Tiere und ihre Haltungsbedingungen informieren.

Vom Händler, vom Züchter oder von Privat?

Schildkröten bekommen Sie in einem guten Zoofachgeschäft. Wählen sie eines, das sich auf Reptilien spezialisiert hat und scheuen Sie sich nicht, dem Händler „Löcher in den Bauch" zu fragen. Er sollte alle Fragen rund um die Schildkrötenhaltung kompetent beantworten und selbstverständlich alle erforderlichen Papiere vorweisen können. Lassen Sie sich nie zu einem Verlegenheitskauf hinreißen. Suchen Sie lieber nach erfahrenen und kompetenten Anbietern.

Bevor Sie eine Schildkröte kaufen, lassen Sie sich die Freianlagen und die Tiere zeigen. Stellen Sie ruhig alle Fragen, die Ihnen im Kopf herumschwirren.

Vom Züchter

Wenn Sie die Nachzuchten bei einem Züchter erwerben, lernen Sie gleich einen kompetenten Ansprechpartner kennen, der Ihnen sicherlich auch weiterhin beratend zur Seite steht. Sie können gleich sehen, wie er seine Schildkröten hält und sich ein Bild von der Freilandanlage machen. Sicherlich kann er Ihnen viele Tipps über Haltung, Fütterung, Überwinterung bishin zur Freianlage geben. Beobachten Sie vor dem Kauf die entsprechende Schildkröte einige Zeit und machen Sie anschließend den Gesundheitscheck!

Schildkröten-TÜV

- Die Schildkröte läuft kraftvoll mit deutlich vom Boden abgehobenem Panzer.
- Der Panzer ist frei von Verletzungen und hat keine Höcker gebildet.
- Der Panzer fühlt sich fest an (Schlüpflinge bilden dabei eine Ausnahme, da deren Knochenpanzer noch unvollständig ist).
- Die Haut ist frei von Parasiten, wie z. B. Zecken oder Milben.
- Die Augen sind offen, klar und frei von Sekreten.
- Die Schildkröte atmet geräuschlos und sondert weder aus der Nase noch aus dem Mund Schleim (Bläschenbildung) ab.
- Die Beinmuskeln sind kräftig, man kann die Beinknochen nicht überdeutlich fühlen.
- Die Schildkröte kann sich mit den Vorderbeinen zwischen zwei Fingern kraftvoll halten, ohne dass sie entkräftet hindurchrutscht.

Eins, zwei oder drei?

Die passenden Schildkröten

Er sucht sie, sie sucht Futter.

Eine oder zwei? Männchen oder Weibchen? Schildkröten leben in freier Wildbahn zwar allein, doch sie treffen immer mal wieder auf Artgenossen, besonders während der Paarungszeit.

Männchen oder Weibchen?

Wenn Sie zu Beginn noch unsicher sind, besteht die Möglichkeit, mit einer Schildkröte anzufangen und später, wenn Sie schon ein wenig Übung in der Schildkrötenhaltung haben, einige weitere Tiere dazuzuholen. Ideal ist die Kombination von einem Männchen und zwei Weibchen (1, 2), bzw. (2, 3/4). Kommt es zu einem Männchenüberschuss, kann es zu heftigen Rivalitätskämpfen führen. Die Weibchen werden oft stark bedrängt.

Männer-WG

Häufig bleiben Männchen untereinander friedlich, wenn sich in der gleichen Anlage keine Weibchen befinden. Viele Schildkrötenhalter besitzen zwei Freilandanlagen, in denen sie die Schildkröten nach Geschlechtern getrennt halten. Zur Paarungszeit werden die Männchen zu den Weibchen gesetzt, damit sie sich fortpflanzen können.

Geschlechterunterschied

Wir schreiben die ganze Zeit von Männchen und Weibchen, doch woran erkennt man den Geschlechterunterschied? Man erkennt ihn erst, wenn die Schildkröte geschlechtsreif ist, doch dann lassen sich die Geschlechter recht gut unterscheiden.

Männchen: Die Männchen besitzen einen viel längeren und kräftigeren Schwanz und die Kloakenöffnung ist weiter von der Schwanzwurzel entfernt.

Bei jungen Schildkröten, hier eine kleine Breitrandschildkröte, kann man das Geschlecht noch nicht bestimmen.

Ein auffälliges Merkmal ist der nach innen gewölbte Bauchpanzer. Er hilft ihnen bei der Paarung, denn mit einem flachen Panzer würden sie vom Rückenpanzer des Weibchens rutschen. Bei einigen Arten haben die Männchen spornartig verlängerte Kehlschilder, die sie bei Auseinandersetzungen mit anderen Männchen einsetzen.
Weibchen: Hier ist der Bauchpanzer flach, der Schwanz ist kürzer mit einer breiten Basis. Kloakenöffnung und Schwanzwurzel liegen enger beieinander. Oftmals werden die Weibchen etwas größer als die Männchen.

Links ist das Männchen und rechts das Weibchen der Italienischen Landschildkröte. Das Männchen ist kleiner, hat einen eingedellten Bauchpanzer und einen kräftigeren Schwanz.

Alt oder jung?

Eine kleine Schildkröte kommt mit ziemlicher Sicherheit aus einer heimischen Nachzucht. Allerdings ist die Aufzucht recht anspruchsvoll (siehe Seite 42) und man kann das Geschlecht noch nicht sicher bestimmen.
Da Schildkröten sehr alt werden, spricht auch nichts gegen den Erwerb einer älteren Schildkröte.

Neue Schildkröten

Neue Landschildkröten hält man vorerst allein in Quarantäne. Hierzu dient z.B. ein geräumiges Zimmerterrarium, das im Sommer auch an einer niederschlagsfreien Stelle im Garten stehen kann. Dieses wird anstelle des Bodengrundes mit z. B. Zeitungs- oder anderem saugfähigem Papier ausgelegt, das leicht gegen neues ausgetauscht werden kann. Dadurch bleibt das Terrarium sauber. Geben Sie der Schildkröte einen einfachen Unterschlupf aus zwei Ziegelsteinen und einem darübergelegten Brettchen und eine Wärmequelle in Form einer Wärmelampe. Vergessen Sie nicht, den Wassernapf täglich zu reinigen und frisch aufzufüllen.

Kotproben

Um sicher zu sein, dass die neue Schildkröte keine Parasiten in sich trägt, entnehmen Sie Kotproben, die Sie Ihrem Tierarzt übergeben. Dieser kann den Kot unter dem Mikroskop auf Wurmeier untersuchen. Fragen Sie bei Ihren Tierarzt nach, ob sie befallen ist. Erst wenn sie frei von Innenparasiten ist, darf die neue Schildkröte zu den anderen in das Freilandterrarium ziehen. Entnehmen Sie regelmäßig bei allen Schildkröten Kotproben, um sie rechtzeitig behandeln zu können.

→ *Nur eine Art*

Da sich einige Arten der europäischen Landschildkröten miteinander paaren und Nachwuchs zeugen können, ist es wichtig, dass immer nur eine Schildkrötenart in der Freilandanlage gehalten wird, um einer Hybridisierung vorzubeugen. Eine Vermischung der Arten ist aus Artenschutzgründen zu vermeiden.

Ein Grundstück im Grünen

Freilandterrarium in perfekter Lage

Zu einer gelungenen Freilandanlage gehören eine sonnige Lage, eine dichte Umfriedung, Schutzhütten und ein Eiablagehügel.

Wer europäische Landschildkröten hält, sollte es so artgerecht wie möglich tun. Dazu gehört auch, dass die Schildkröten in einer Freilandanlage im Garten gehalten werden. Die gepanzerten Reptilien sollten nur in Ausnahmefällen (Quarantäne, Übergangszeiten, Krankheitsfall) in einem Zimmerterrarium gehalten werden. Planen Sie das Freilandterrarium sorgfältig, damit sich Ihre Tiere wohlfühlen können.

Ein Platz an der Sonne

Grundsätzlich wird das Freilandterrarium an einem Ort im Garten angelegt, der nach Süden ausgerichtet bzw. möglichst den ganzen Tag der vollen Sonneneinstrahlung ausgesetzt ist. Ideal ist eine Südhanglage. Dieser Platz sollte nicht durch Abgase, Lärm oder ständige Störungen beeinträchtigt werden. Berücksichtigen Sie auch, dass das Regenwasser abfließen kann, damit keine Sumpflandschaft entsteht.

Die Größe

Da Schildkröten in freier Wildbahn einen recht großen Aktionsradius haben und im Verlauf einer Saison beträchtliche Strecken zurücklegen können, sollte ein Freilandterrarium nicht zu klein sein. Bei der Wahl der Größe spielt auch die Anzahl der Schildkröten eine Rolle. Um sich nicht ständig zu begegnen, muss die Anlage groß genug und mit Versteckmöglichkeiten ausgestattet sein. Für eine Gruppe von einem Männchen und 2–3 Weibchen sollte eine Fläche von mindestens 10 qm zur Verfügung stehen.

Anlage für frisch geschlüpfte Schildkröten

Da Jungtiere bereits nach dem Schlupf und der folgenden Überwinterung in ein Freilandterrarium sollten, benötigen sie eine eigene deutlich kleinere Anlage, denn sonst hat man Schwierigkeiten, die Jungtiere bei Bedarf (Überführung in ein Winterquartier, Gesundheitskontrolle etc.) wiederzufinden.

Die Umfriedung

Schildkröten sind gute Gräber. In freier Natur graben sie häufig Gänge in den Boden, in die sie sich zu ihrem Schutz

und zu Ruhephasen zurückziehen. Den Buddeltrieb sollten Sie bei der Umfriedung des Freilandterrariums berücksichtigen und die Umrandung etwa 40 cm tief in den Boden versenken. Dadurch hält man auch gleichzeitig unerwünschte Gäste (Mäuse, Ratten etc.) fern. Als Umfriedung eignen sich Materialien, durch die Schildkröten nicht hindurchsehen können, also Bretter, Palisaden, eine Mauer aus Natursteinen o. Ä. Glas oder Maschendraht hingegen eignen sich nicht, da die Tiere ständig an der Absperrung entlanglaufen und einen Weg nach draußen suchen.

Abdeckung

Damit keine Feinde (Raubvögel, Marder etc.) eindringen können, bietet es sich an, die Freilandanlage, sofern sie nicht zu groß ist, mit einem Netz oder mit Maschendraht abzudecken. Die grünen Vogelschutznetze leisten gute Dienste. Sie halten auch Katzen ab. Obwohl Katzen den erwachsenen Landschildkröten kaum etwas anhaben können, koten sie gerne in die Sandhaufen, die als Eiablageplatz vorgesehen sind. Da Schildkröten gerne Säugetierkot verzehren, können sie dabei Würmer aufnehmen – mit gesundheitlichen Folgen. Auch frei lebende Vögel suchen gerne den Wassernapf der Schildkröten auf, um daraus zu trinken oder um darin zu baden. Eine Infektion – z. B. mit Salmonellen – kann dabei nicht ausgeschlossen werden.

Mit Gewächshaus

In Regionen, in denen es sehr häufig regnet, ist die Haltung europäischer Landschildkröten weniger gut geeignet. Dann benötigen Sie unbedingt ein geräumiges Gewächshaus, das an die Freilandanlage anschließt, um den Tieren auch längerfristig trockene Stellen bieten zu können. In einem Gewächshaus steigt die Lufttemperatur bei Sonneneinstrahlung wesentlich schneller als im Freien.

Diese Umfriedung verhindert einen Ausbruch.

Freilandanlage mit Gewächshaus, Hindernissen, die umwandert werden müssen und Versteckmöglichkeiten.

Der Steg führt in die höher gelegte Schutzhütte. Auf diese Weise kann kein Wasser eindringen.

Das ideale Zuhause

Freilandterrarien richtig gestalten

Nachdem der Standort festgelegt und eine sichere Umfriedung gebaut wurde, können Sie nun das Freilandterrarium schildkrötengerecht gestalten.

Berg und Tal

Damit die Schildkröten nicht nur eine eintönige glatte Fläche vorfinden, sollte das Freilandterrarium gut strukturiert werden. Darunter versteht man eine mit Hügeln und Mulden geformte und abwechslungsreich gestaltete Landschaft. Hindernisse aus größeren Steinen, liegenden Wurzeln oder Stämmen zwingen die Tiere auf ihren Wanderungen, einen kleinen Umweg zu machen oder zu klettern.

Auch unter Wurzelstücke kann man sich gut zurückziehen.

Hügelige und mit Mulden versehene Wiesen laden zum Erkunden ein. Links im Vordergrund: Der Eiablageplatz.

Schildkröten-Dschungel

Bepflanzen Sie einige Ecken mit Heidekraut *(Caluna spec.)*, Lavendel *(Lavandula angustifolia)*, Salbei *(Salvia officinalis)* oder anderen Trockenpflanzen. In sehr geräumigen Freilandterrarien kann man auch Zwergkiefern oder andere niedrig wachsende Büsche pflanzen, unter denen die Schildkröten an heißen Tagen ein schattiges Plätzchen finden. Neben großzügigen Flächen mit allerlei Wildkräutern sind auch sandige Flächen erforderlich, auf denen sich die Schildkröten aufwärmen können. Kunststoff-Pflanzenuntersetzer oder Tonschalen dienen als Tränken und müssen täglich gesäubert und mit Frischwasser gefüllt werden.

Schutzhütten mit Solarwärme

Obwohl ein Gewächshaus, in das die Landschildkröten durch eine Öffnung innerhalb der Freilandanlage hinein-

Ideale Schutzhütte mit Plexiglasdach

und hinausgehen können, optimal ist, kann auch schon ein modifiziertes Frühbeet gute Dienste leisten. Die Kunststoff-Frühbeete werden dabei auf geeignete Unterlagen (z. B. Vierkanthölzer, Ziegelsteine o. Ä.) gestellt, sodass nur noch an der regenabgewandten Seite ein Ein- und Ausgang bestehen bleibt. Als Bodensubstrat eignet sich ein lockeres Gemisch aus Buchenlaub und Heu, der Bodengrund sollte aus rundkörnigem Sand bestehen. In dieser Schutzhütte steigen die Temperaturen leichter an als außerhalb, sodass die Landschildkröten schneller ihre Betriebstemperatur erreichen. Deshalb suchen die Schildkröten gerne die Schutzhütten auf und graben sich bei schlechtem Wetter in das Substrat.

Häuschen zum Verstecken

Aber auch völlig dunkle, aus Holz gebaute Häuschen mit einem oder mehreren Eingängen werden gerne zur Nachtruhe oder zum Schutz bei ungünstiger Witterung aufgesucht. Auch hier sollte sich der gleiche Bodengrund und das gleiche Substrat befinden.

Tür zu

Sie können die Eingänge der beiden Schutzhüttenformen mit Kunststoff-Flatterbändern behängen. Die Schildkröten lernen schnell, durch sie hindurchzulaufen.

Zum Schutz der Tiere sollte man abends die Eingänge der Schutzhütten verschließen, damit keine ungebetenen Gäste kommen.

Der Eiablageplatz

Neben verschiedenen Hügeln, die gerne von den Tieren erklettert werden, kommt dem Eiablageplatz eine besondere Bedeutung zu. Der Eiablageplatz ist ein Hügel aus verschiedenen Materialien (Erde, Sand). Der Boden muss immer etwas feucht sein, damit er für die Weibchen grabfähig bleibt. Mit Pflanzen und Steinen an den Rändern verhindert man das leichte Abtragen des Substrates, sodass der Hügel bestehen bleibt. Auch in der Natur legen Landschildkröten-Weibchen ihre Nistkammern meist an leicht abschüssigen Stellen an, damit das Oberflächenwasser gut abfließen kann und das Gelege nicht nass wird.

Ein Weibchen auf dem Weg zum Eiablagehügel

Tipp

Der Teelöffel-Test

So überprüfen Sie, ob das Substrat des Eiablageplatzes feucht genug ist: Graben Sie mit einem Teelöffel eine Grube, die der späteren Nisthöhle ähnelt. Wenn das Loch in Form bleibt, ist das Substrat perfekt. Rutschen die Ränder locker in die Grube, ist das Substrat noch nicht als Eiablageplatz geeignet.

EXTRA
Das Aufzucht-Freilandterrarium

Nach dem Schlüpfen streckt sich die junge Schildkröte erst einmal.

Gartenparadies für Mini-Schildkröten

Frisch geschlüpfte Schildkröten dürfen nach der ersten Überwinterung schon ins Freie. Damit sie in der großen Anlage nicht verloren gehen, bekommen sie ihren eigenen Schildkröten-Kindergarten. Wenn Sie Kinder haben, können sie Ihnen gerne bei der Einrichtung helfen.

Sonnig und geschützt

Auch das kleine Freilandterrarium sollte mindestens 8–10 Stunden am Tag in der Sonne liegen. Auch wenn sich junge Landschildkröten immer in der Nähe ihres Versteckes aufhalten, möchten sie bei Bedarf schnell ein Sonnenbad nehmen können. Suchen Sie eine freie Stelle, die diese Voraussetzung erfüllt.

Holzrahmen

Besorgen Sie sich vier stabile Holzbretter, die etwa 60–70 cm breit und 1,20–1,50 m lang sind. Verschrauben Sie die Bretter so, dass ein quadratischer Rahmen entsteht. Zur besseren Stabilität bieten sich Winkeleisen an, um die Ecken zu verschrauben.

Rahmen versenken

Befreien Sie den vorhergesehenen Standort von Gras und Ähnlichem und stellen Sie die Umfriedung auf den Boden. Streuen Sie Sägemehl oder Mehl an der Außenseite der Umrandung entlang. Legen Sie den Rahmen weg, graben Sie im Innenbereich der Markierung die Erde mit einer Schaufel etwa 10 cm tief aus und legen Sie engmaschigen Draht auf den Boden, damit sich keine Mäuse von unten durchgraben können. Nun wird der Rahmen wieder eingesetzt. Achten Sie darauf, dass der Rahmen gerade auf dem Untergrund steht.

Sandkasten ...

Nun wird der Rahmen etwa 20 cm hoch mit gewaschenem Sand aufgefüllt. Dabei sollte der Sandboden zu einer Seite hin leicht ansteigen und dieser Anstieg durch einige Steine so gestützt werden, dass er nicht gleich beim nächsten Regenguss abgeschwemmt werden kann. Die jungen Schildkröten graben sich gerne in den Sand ein.

... mit Sonnendach

Etwa ein Drittel oder die Hälfte des Freilandterrariums wird mit Plexiglas (lässt UV-Licht durch) abgedeckt, die übrige Fläche mit Kaninchendraht. Das Plexiglas schützt die Kleinen vor Regen und sorgt für Wärme, während der Kaninchendraht ungebetene Gäste wie Katzen oder Rabenvögel abhält. Bauen Sie einen großen Rahmen, auf dem das Plexiglas und der Kaninchendraht befestigt wird. Dieser Rahmen kann stets bei Bedarf ab- oder angehoben werden. Der Plexiglasteil muss sich später über der höchsten Stelle befinden, damit die Kleinen nicht von abfließendem Wasser überrascht werden.

Appartment-Haus

Je nach Anzahl der Mini-Schildkröten sind nun kleine Schutzhütten erforderlich. Sie können zum Beispiel Zigarrenkisten nehmen und einen Eingang hineinschneiden. Die Kisten werden dann an einer höhergelegenen Stelle (unter dem Plexiglas) aufgestellt. Die kleinen Schildkröten suchen ihre Schutzhütten am Abend und bei ungünstigem Wetter auf, um darin zu schlafen.

Freilandanlage für junge Landschildkröten mit Schutzgitter. Das Freilandterrarium kann bei Bedarf ganz mit Plexiglas oder Folie abgedeckt werden.

Wanderwege und Rastplätze

Als Einrichtung dienen neben den unterschiedlich großen Steinen auch einige Pflanzenpolster, z. B. Heidekraut *(Erica spec.)* sowie aus einer Wiese ausgestochene Pflanzensoden. Letztere sollten Klee, Löwenzahn und andere Futterpflanzen enthalten und können nach dem Abweiden leicht gegen neue ausgetauscht werden. Zwischen den Steinen und Pflanzen bilden sich bald Wanderwege, die die kleinen Schildkröten während ihrer Aktivitäten auf der Suche nach Futter nutzen.
Achten Sie darauf, dass die Pflanzen nicht alles überwuchern. Für eine Minischildkröte ist halblanges Gras schon fast wie ein Dschungel.

Ganz schön mühsam, wenn man noch so klein ist: Diese junge Griechische Landschildkröte bahnt sich ihren Weg durchs „hohe" Gras.

Tipp

Schlechtwetter-Schutz

Sollte es längere Zeit regnen oder der Himmel bedeckt sein, kann man mit einer transparenten Plastikplane auch einen Teil oder sogar die gesamte Aufzuchtanlage abdecken. Darunter ist die Temperatur immer etwas höher, sodass die kleinen Schildkröten auch an trüben Tagen aktiv sein können.

Innenhaltung für Junge und Kranke

Das Zimmerterrarium

Manchmal gibt es Umstände, bei denen auch europäische Landschildkröten in einem Zimmerterrarium gehalten werden müssen. Nicht nur, wenn sie krank sind oder in Quarantäne gehalten werden, sondern auch Jungtiere, die bei klimatisch ungünstigen Jahreszeiten (Frühjahr, Spätherbst) nicht draußen bleiben können.

Zimmerterrarien kommen nur zum Einsatz, wenn ein Tier krank ist, oder bei jungen Schildies, wenn die Witterung allzu wüst ist.

Platzbedarf

Im Zimmerterrarium muss auch eine artgerechte Haltung gewährleistet werden. Laut „Gutachten über die Mindestanforderungen an die Haltung von Reptilien", das gern von Behörden bei der Beurteilung von Terrarien herangezogen wird, muss der Behälter für ein Paar europäische Landschildkröten eine Grundfläche haben, die so lang ist wie die 8-fache Panzerlänge des größten Tieres. Für die Breite genügt davon die Hälfte. Die Höhe spielt eine untergeordnete Rolle. Das Terrarium muss jedoch so hoch sein, dass die Schildkröten nicht hinausklettern können. Denn manchmal klettern Schildkröten – vor allem in Ecken – so übereinander, dass sie eine zu niedrige Seitenbegrenzung überwinden können.

Marke Eigenbau

Obwohl sich bei kleineren Schildies auch handelsübliche Aquarien als Zimmerterrarium eignen, kann man sich auch in einem Baumarkt beschichtete Spanplatten zurechtschneiden lassen und die Größe und Form des Terra-

Das A und O eines Zimmerterrariums ist die Wärmequelle, damit sich die Schildies bei Bedarf aufwärmen können.

riums selbst bestimmen. Dabei genügt es auch, auf der Frontseite eine Glasscheibe mit Silikonkautschuk einzukleben.

Der Bodengrund

Als Bodengrund empfehle ich auch hier eine etwa 10 cm hohe Schicht rundkörnigen Sand, der immer leicht feucht sein sollte. Bieten Sie je nach Anzahl der Tiere entsprechend viele Versteckmöglichkeiten und Kunsthöhlen an. Vergessen Sie nicht, einen Trinknapf dazuzustellen, der täglich gesäubert werden muss.

Beleuchtung und Wärme

In der Natur dient die Sonne als Licht- und Wärmequelle. Um auch im Zimmerterrarium den Schildkröten das erforderliche Klima zu gewährleisten, sind einige technische Hilfsmittel erforderlich:

→ Leuchtstoff- und/oder HQL- und/ oder HQI-Lampen zur Beleuchtung,
→ Spot- und/oder Konzentralampen, in deren Lichtkegel ca. 40 °C erreicht werden,
→ 1–2 Thermometer an verschiedenen Stellen, um mit einem Blick die aktuelle Temperatur im Terrarium ablesen zu können.
→ 1 Hygrometer, um die Luftfeuchtigkeit zu bestimmen.
→ 1–2 Zeitschaltuhren, die die Beleuchtungs- und Bestrahlungsdauer regeln, um einen gleichmäßigen Tagesrhythmus zu gewährleisten.
→ Am besten bringen Sie die Lampen über dem Terrarium so an, dass die Temperaturverteilung nicht überall gleich ist. So kann sich die Schildkröte mal an kühleren und mal an wärmeren Orten aufhalten.

Auf engem Raum ist es besonders wichtig, auf Hygiene zu achten. Bei Schutzhütten mit aufklappbarem Dach (oben) kann man ab und zu nach dem Rechten sehen.
Kot und Futterreste sind sofort zu entfernen (unten).

Tiptop gepflegt

Durch die Ausscheidungen der Schildkröten und durch Futterreste wird das Zimmerterrarium wesentlich stärker verschmutzt als das Freilandterrarium. Daher ist es wichtig, dass Sie Kot und Futterreste täglich beseitigen. Verschmutzte Einrichtungsgegenstände müssen regelmäßig gereinigt werden. Spätestens nach einem halben Jahr wird der Bodengrund ausgetauscht, da es sonst leicht zur Vermehrung von Krankheitserregern kommt, die die Gesundheit der Schildkröten gefährden können.

Auf einen Blick

Grundausstattung für Schildkröten

Wohnen

Europäische Landschildkröten wohnen am liebsten in einer Freilandanlage. Diese sollte an einem sonnigen Ort, am besten Südhanglage liegen, mindestens 10 qm groß und mit einer Mauer oder blickdichten Palisaden umgeben sein. Diese Fläche ist abwechslungsreich strukturiert (Hügel und Mulden) weist sonnige Stellen sowie bepflanzte Ecken (Heide, Kräuterflächen, niedrige Büsche) auf.

Check

Schildkrötenkauf

- Zuvor haben Sie die Freianlage gebaut und alles ist fertig.
- Der beste Zeitpunkt: Schaffen Sie die Tiere zwischen Mai und August an.
- Sie kaufen die Tiere am besten bei einem Züchter oder bei einer kompetenten, auf Reptilien ausgerichteten Zoofachhandlung.
- Fragen Sie den Züchter oder Händler und lassen Sie sich alles zeigen.
- Achten Sie darauf, dass das Tier einen gesunden Eindruck macht.
- Lassen Sie sich alle notwendigen Papiere aushändigen.

Rundum gesund

- Die Schildkröte läuft hochbeinig, der Panzer schleift nicht auf dem Boden.
- Die Augen sind klar und glänzend, Nase und Mund sind trocken, ohne Ausfluss oder Verkrustungen.
- An den Weichteilen sind keine Verletzungen zu erkennen.
- Der Panzer ist fest, bei Jungtieren elastisch, lässt sich aber nicht eindellen. Er weist keine übertriebenen Höcker auf (Zeichen für Kalziummangel).
- Wenn die Schildkröte bei Ihnen ist, kommt sie zuerst in Quarantäne. Entnehmen Sie Kotproben. Erst wenn sie gesund und parasitenfrei ist, darf sie ins Freigehege.

Im Glashaus

Schildkröten brauchen Schutzhütten, in die sie sich zurückziehen können. Hierzu eignen sich Frühbeete oder Gewächshäuser, die sich in der Sonne schnell aufwärmen und den Schildkröten an kühleren Tagen die nötige Betriebstemperatur ermöglichen. Stellen Sie ihnen kleine Kunsthöhlen zur Verfügung, sozusagen das Häuschen im Haus, und natürlich frisches Wasser zum Trinken.

Der Eiablagehügel

Jede Freilandanlage braucht ihren eigenen Eiablagehügel, damit die Weibchen ihr Gelege vergraben können. Er muss aus einem lockeren Substrat bestehen, das sich gut graben lässt und feucht genug ist, damit die Ränder nicht wieder einbrechen oder abrutschen.

Das Notfall-Terrarium

Kranke oder junge Tiere können in der nasskalten Übergangszeit in einem Zimmerterrarium gehalten werden. Es

- → ist geräumig,
- → ist 10 cm hoch mit rundkörnigem Sand gefüllt,
- → hat einen Spotstrahler mit einem Lichtkegel, unter dem ca. 40 °C herrschen,
- → weist Versteckmöglichkeiten auf,
- → hat ein Hygrometer, um die Luftfeuchtigkeit zu messen, ein Thermometer für die Temperatur und eine Zeitschaltuhr, die die Lampe ein- und ausschaltet.

Daten und Fakten der europäischen Landschildkröten

- → wechselwarme Tiere, die von der Außentemperatur abhängig sind
- → Allesfresser, die überwiegend von Gräsern, Blättern, Kräutern und Früchten leben (selten mal ein Wurm oder Aas)
- → Lebenserwartung: bis zu 120 Jahre
- → Geschlechtsreife: 8 – 12 Jahre
- → Das Weibchen legt 2 – 3 mal im Jahr Eier, aus denen nach 3 bis 4 Monaten kleine Schildkröten schlüpfen
- → Das Geschlecht ist temperaturabhängig: Ist die Bruttemperatur unter 29 °C, werden es Männchen, um 33 °C schlüpfen Weibchen.

2

Ernähren und pflegen

Gemütliche Genießer

Wie Landschildkröten fressen

Europäische Landschildkröten sind Allesfresser, ernähren sich jedoch vorwiegend von Gräsern, Blättern und Kräutern.

Mundgerechte Häppchen

Schildkröten haben keine Zähne. Stattdessen beißen sie mundgerechte Stücke mit dem für Schildkröten so typischen Hornschnabel ab. Statt der Zähne ragen Hornscheiden als verbreiterte „Kauleisten“ weit in den Rachenraum hinein. Anschließend schlucken sie das Nahrungsstückchen mithilfe ihrer fleischigen Zunge und Speichel herunter. Über die durch Längsfalten extrem dehnbare und drüsenreiche Speiseröhre gelangt die Nahrung unzerkaut in den Magen.

Früchte sind für Schildkröten nicht sehr gesund. Füttern Sie stattdessen lieber Wildkräuter, Heu, Salat und Gemüse.

Im Magen

Der Magen ist ein faltenreicher, stark dehnbarer Hohlmuskel. Da er bei Schildkröten mit benachbarten Organen verwachsen ist, ist er kaum beweglich. Aus den Drüsen der Magenschleimhaut werden Magensäfte abgesondert, sobald die Schildkröte etwas Fressbares sieht. Ihr läuft also nicht das Wasser im Mund zusammen, sondern im Magen. Die aufgenommene Nahrung wird mit den Magensäften durchmischt. Die Magensäfte lassen die Eiweiße gerinnen, und das Pepsis spaltet die Kettenmoleküle der Eiweiße zu Polypeptiden. Versehentlich aufgenommene Sandkörner – aber auch gezielt gefressene Steinchen – helfen

Frisch gepflückte Wildkräuter schmecken den Landschildkröten.

→ Verdauungsgeschwindigkeit

Wie lange die Nahrung im Darm bleibt, hängt von der Futtermenge, der Fütterungsfrequenz, der Umgebungstemperatur und dem Aktivitätsgrad der Schildkröte ab. Auch die Zusammensetzung der Nahrung mit ihrem Wasser- und Rohfasergehalt spielt eine Rolle.
Bei einer Maurischen Landschildkröte *(Testudo graeca)* dauerte die Magen-Darm-Passage von Kopfsalat bei einer Temperatur von 28 °C zwischen 3 – 8 Tage. Trockene, rohfaserreiche Nahrung, wie etwa Heu, Disteln oder Gras, benötigt dagegen bereits 16 – 28 Tage, bis die Abfallprodukte ausgeschieden werden.

bei den Magenkontraktionen mit, die zum Teil recht stabilen Pflanzenzellwände zu zerstören. Auf diese Weise wird die Nahrung für die weiteren Verdauungssäfte angreifbarer.

Im Darm

Der Darm besteht aus den Abschnitten Dünndarm und Dickdarm. Hier wird die Nahrung in ihre kleinsten Bausteine aufgespaltet, die die Schildkröte verwerten kann (Aminosäuren, Fettsäuren, Glycerin, Monosaccaride etc.).
Dem Blinddarm, der sich am Dickdarm befindet, fällt eine besondere Funktion zu. Er ist sozusagen Lagerplatz für schwer verdauliche Kost und ausgesprochen dehnbar. Die Rohfaserpartikel sammeln sich hier und werden intensiv über einen längeren Zeitraum von der Darmflora bearbeitet, bis sie verwertet werden können.

Welche Nahrung Landschildkröten auch zu sich nehmen, am Ende des jeweiligen Verdauungsprozesses werden ihrem Körper jedoch immer die gleichen Grundbausteine zugeführt wie bei anderen Wirbeltieren. Im Wesentlichen handelt es sich dabei um folgende „Nährstoffe“: Proteine oder Eiweiße, Kohlenhydrate und Fette sowie die Bau- und Ergänzungsstoffe: Wasser, Vitamine, Mineralien und Spurenelemente.

Zur Verdauung sucht die Schildkröte eine warme Stelle auf.

Verdaut wird nur bei Wärme

Schildkröten verdauen ihre Nahrung am besten bei einer Körpertemperatur von 25 bis 35 °C. Wird es deutlich kälter, verlangsamt sich die Darmpassage.
Bei Temperaturen unter 4 – 5 °C setzt die Produktion der Magensäfte aus.

Fastenzeit im Herbst

Werden Landschildkröten der gemäßigten Klimabereiche auf eine Überwinterung vorbereitet, gehört auch eine – dem letzten Futter angemessene – entsprechend lange Fastenzeit dazu, damit sich im Darm keine Nahrungsreste mehr befinden.

Heu und Wasser

Gesundes Futter für Schildkröten

Landschildkröten aus Trockengebieten, z. B. Halbwüsten und Savannen, aber auch europäische Landschildkröten, brauchen ballaststoffreiche und kohlenhydratarme Nahrung.

Pflanzen-Untersetzer sind ideale Bade- und Trinknäpfe.

Frisches Wasser gegen Durst

In der Natur nehmen die Landschildkröten vorwiegend das im Futter enthaltene Wasser auf. In den Sommermonaten, wenn die Pflanzen bereits recht trocken geworden sind, ist ihr Wassergehalt nur noch sehr gering. Lediglich am Morgen, wenn der Tau die Pflanzen bedeckt, können sie die auf Pflanzen haftenden Wassertropfen aufnehmen. Sobald der Regen einsetzt, suchen Landschildkröten gezielt feuchte Stellen oder Pfützen auf, um zu trinken. Dabei können sie überschüssiges Wasser in ihren Anal-Anhangsäcken speichern.

Immer frisches Wasser

In Menschenobhut müssen sich die Schildkröten keinen Vorrat anlegen, denn Sie stellen Ihnen immer frisches Wasser zur Verfügung.

Landschildkröten brauchen Ballaststoffe

Die Gerüstsubstanzen der Pflanzen (Zellulose, Hemizellulose, Lignin und Pektin) sind für uns Menschen lediglich Ballaststoffe und können nicht verwertet werden.

Bei Landschildkröten ist das anders: Sie können diese Rohfasern mithilfe symbiotischer Bakterien nicht nur gut verwerten, die Mikroorganismen benötigen diese sogar unbedingt, um zu überleben. Daher brauchen Landschildkröten auch reich strukturiertes, rohfaserreiches Futter.

Man konnte nachweisen, dass das Futter frei lebender Landschildkröten etwa zwischen 10 und 40% Rohfaser beinhaltet. Sinkt zum Beispiel der Rohfaseranteil im Futter über längere Zeit unter 4%, kommt es im Darm der betroffenen Schildkröten zur Bildung giftiger Stoffe, und die Darmflora und -fauna stirbt ab.

Duftendes Heu

Wenn Sie sich den natürlichen Lebensraum der Schildkröten im Sommer vorstellen, sehen Sie sicher allerhand trockene Gräser und sonnenverbrannte Vegetation vor Ihrem inneren Auge. Heu, das aus getrockneten Gräsern besteht, kommt dem sehr nahe und ist daher ein besonders wertvolles Futter für Schildkröten. Vor allem Luzerne-, Klee- und auch Grasheu enthalten sehr viele Rohproteine, aber auch wertvolles Kalzium.

→ Zusammensetzung der Nahrung

Inhaltsstoffe	*Prozentualer Anteil*
Rohfaseranteil	über 12 %
Pflanzliches Eiweiß	bis 20 % (Jungtiere bis 25 %)
Pflanzliches Rohfett	unter 10 %
Kalzium	2 %
Phosphor	1,2 %
Kalzium/Phosphor-Verhältnis	1,5–2 : 1

Quelle: Dennert, C. (1999): Beitrag zur Ernährung europäischer Landschildkröten

Daran erkennen Sie gutes Heu

- → Es enthält sichtbare Kräuter, viele Gräser mit Blättern, Blüten und Fruchtständen.
- → Die Stängel sind 20 bis 35 cm lang.
- → Das Heu ist grün und nicht grau.
- → Es duftet aromatisch, nicht muffig.
- → Es stammt von biozidfreien, unbelasteten Wiesen.
- → Heu muss immer trocken, staub- und schimmelfrei sein.

Heu ist ein wertvolles Schildkrötenfutter.

Tipp
Heupellets oder Heucops

Wenn Sie die Landschildkröten an faserreiches Heu gewöhnen wollen, können Sie anfänglich Heupellets oder Heucobs für Pferde mit ein wenig Fruchtfleisch betupfen, um den Appetit der Tiere anzuregen.

Das Heu muss jedoch vor der Blüte gewonnen werden, da danach die wichtigen Anteile abnehmen und dafür die Rohfaser- und Phosphoranteile steigen. Die höchsten Gehalte an Rohprotein, Kalzium und Phosphor erreicht Luzerneheu. Das Heu kann den ganzen Tag über zur Verfügung stehen. Heu gibt es im Handel zum Beispiel als Kaninchenfutter, aber auch gepresst als Heupellets und Heucops.

Frisches Grün

Salate und Wildkräuter

→ *Futterpflanzen*

- → Ackerwinde
- → Brombeere auch im Winter verfügbar
- → Geißblatt
- → Giersch
- → Kerbelkraut
- → Klee
- → Knoblauchsrauke
- → Löwenzahn
- → Malve
- → Mauerpfeffer
- → Nesseln
- → Pippau
- → Rote Taubnessel auch im Winter verfügbar
- → Rotklee
- → Saudistel
- → Schafsgarbe
- → Steinbrech
- → Sternmiere auch im Winter verfügbar
- → Taubnessel
- → Vogelmiere
- → Wegerich
- → Wegwarte
- → Weißklee
- → Wicke
- → Zimbelkraut

Bei der Zusammensetzung des Futters kommt es wie in der zuvor genannten Tabelle auf die enthaltenen Rohfette, Rohproteine und Rohfasern an. Wichtig ist auch ein ausgewogenes Verhältnis von Kalzium (Ca) und Phosphor (P). Auf die Bedeutung der Rohfaser (Darmflora) wurde bereits hingewiesen.

Die optimale Futtermischung

Für den Laien ist es erst einmal schwer, mit irgendwelchen Prozentangaben das passende Futter zusammenzustellen. Langjährige Erfahrungen und wissenschaftliche Studien haben jedoch gezeigt, dass die Schildkröten am besten selbst entscheiden sollen, welches Futter sie fressen möchten. Dazu sollte man ihnen nicht immer nur das Gleiche anbieten, sondern das Futterangebot stets abwechslungsreich gestalten. Denn nicht nur Wildkräuter werden gerne gefressen, sondern auch einige Salat- und Gemüsesorten.

Variieren Sie

Sicher können Sie das Futterangebot auch variieren. Neben den rechts genannten Futterpflanzen können Sie den Schildkröten auch Endivien- und Kopfsalat sowie Rucola aus biologischem Anbau anbieten. Außerdem fressen sie gerne geraspelte Möhren und Kohlrabi, aber auch Markstamm- und Grünkohl.

Wildkräuter

Verfüttern Sie ruhig Wildkräuter, die uns in der Schildkrötensaison zur Verfügung stehen. Dass eine abwechslungsreiche Fütterung möglich ist, zeigt die Liste der als Futter geeigneten Wildkräuter (Seite 38 links).

Freilandanlage mit Schildkrötengarten

Ihre Schildkröten freuen sich sicher, wenn Sie in der Freianlage verschiedene Stellen mit den entsprechenden Kräutern anlegen. Dann können sie beim Gang durch das Gehege ihre Lieblingsstellen aufsuchen und herzhaft vom Klee oder Löwenzahn abbeißen oder etwas Vogelmiere „ernten".

Vorsicht, belastet!

Sammeln Sie das Grünfutter nicht an belasteten Stellen, wie z. B. an Straßenrändern, auf gedüngten oder mit Bioziden belasteten Wiesen. Auch Pflanzen mit hohen Nitratwerten sollte man nicht verfüttern. Hierzu gehört z. B. Gemüse, das unter Einsatz von Düngemitteln angebaut wurde. Nitrate führen zur Verringerung des Hämoglobins (roter Blutfarbstoff), das im Blut für den Sauerstofftransport benötigt wird.

Kalziumlieferanten

Wenn Schildkröten zu wenig Kalzium haben, nehmen sie Kalk auf. Daher sollten Sie Ihren Schildkröten immer Sepiaschalestückchen, Muschelgrit oder zerstoßene Eierschale über das Futter streuen, damit sie ihren Kalziumhaushalt regulieren können. Sepiaschalen können auch als Ganzes im Freigehege verteilt werden.

Vitaminzusätze und Mineralien

Obwohl Landschildkröten durch eine abwechslungsreiche Fütterung gewöhnlich die erforderlichen Vitamine erhalten, kommt es doch, bedingt durch klimatisch ungünstige Bedingungen, (vor allem in den Übergangszeiten) und vor allem bei Jungtieren zu einer möglichen Unterversorgung. Lediglich bei einem Tierarzt ist das häufig verwendete „Korvomin ZVT + Reptil" erhältlich, das sich gut bewährt hat.

Stößt die Schildkröte auf Sepiaschalen, beißt sie gerne Stückchen heraus und ergänzt dadurch ihren Kalziumhaushalt.

Fressende Landschildkröten locken oft Artgenossen zum Mitfressen an.

Schildkrötenhochzeit

Partnersuche und Balz

Fühlen sich Ihre Landschildkröten bei Ihnen wohl und sind gesund und munter, pflanzen Sie sich auch in Menschenobhut fort, sobald sie geschlechtsreif sind. Im Alter von 8–12 Jahren werden sie geschlechtsreif. Gewöhnlich beginnt die Fortpflanzungszeit etwa 3 bis 4 Wochen nach der Überwinterung und ist hormonell gesteuert.

Partnerin gesucht

Nach der Überwinterung suchen die Männchen sehr aktiv nach einer Partnerin. Sie durchstreifen die Freilandanlage kreuz und quer. Treffen sie auf ein Weibchen, wird dieses ausgiebig beschnuppert, um festzustellen, ob es sich um eine mögliche Partnerin handelt. Dabei umrundet das Männchen das Weibchen hektisch.

Stehen geblieben!

Lässt das Weibchen die Prüfung nicht zu und will fliehen, rammt das Männchen das Weibchen von der Seite und versucht, ihr in die Vorderbeine zu beißen. Zu ihrem Schutz zieht das Weibchen Kopf und Gliedmaßen in den Panzer und ist nun dem Männchen wehrlos ausgeliefert. Jetzt kann das Männchen weiterhin geruchlich prüfen, ob es sich um ein brünftiges Weibchen handelt. Mögliche Konkurrenten werden übrigens ebenfalls mit Rammstößen bedacht, um sie zu vertreiben.

Schnuppernd folgt er ihren Spuren (unten) … Ist die Dame seiner Wahl paaungsbereit, schreitet er zur Tat: Hier zwei Griechische Landschildkröten bei der Paarung (rechts).

Die Paarung

Paarungsbereite Weibchen bleiben einfach stehen und lassen die Prüfung des Männchens zu. Anschließend reitet das Männchen auf und stützt sich mit den Vorderbeinen auf dem Panzer des Weibchens ab. Nun schiebt es seinen Schwanz unter den des Weibchens und ertastet mit der Schwanzspitze ihre Kloakenöffnung. Bald gleitet der sonst in der Kloake gelagerte Penis in die

Kloake des Weibchens. Während der Paarung stößt das Männchen vor Erregung mit geöffnetem Maul fauchende Laute aus.

Befruchtung

Während der Paarung gelangen die Samenzellen in die weiblichen Geschlechtsgänge, wo sie längere Zeit – bis zur Befruchtung der Eizellen – gelagert werden können. Landschildkrötenweibchen sind in der Lage, die Spermien nicht nur über Monate, sondern sogar einige Jahre zu speichern. Paarung und Befruchtung müssen also nicht zeitgleich erfolgen. Es ist sogar bekannt, dass Weibchen noch vier Jahre nach der letzten Paarung befruchtete Eier gelegt haben.

Der rechte Platz

Die Eier der Landschildkröten sind weiß, eiförmig und von einer harten Kalkschale umgeben. Schon vor der Eiablage sucht das Weibchen nach einem geeigneten Eiablageplatz. Bevorzugt werden Hanglagen, da das Regenwasser ablaufen kann, ohne bis zum Gelege durchzusickern. Der Untergrund muss grabfähig sein und eine gewisse Bodenfeuchte aufweisen. Deshalb prüft das Weibchen die infrage kommenden Stellen sehr sorgfältig und führt einige Probegrabungen durch.

Die Eiablage

Das Weibchen hebt mit den Hinterbeinen eine Grube aus und lagert den Aushub sorgfältig am Rand der zukünftigen Nistgrube. Ist der Boden sehr hart, entlässt das Weibchen Flüssigkeit aus den Analblasen, um ihn grabfähiger zu machen. Die Tiefe der Nistkammer richtet sich nach der Anzahl der Eier, die dem Weibchen offenbar

Ein Dalmatinisches Landschildkrötenweibchen legt seine Eier ab.

bekannt ist. Wenn die Nistkammer fertig gegraben ist, ruht sich das Weibchen ein wenig aus. Nach einiger Zeit setzen die Wehen ein und das erste Ei verlässt die Kloake. Mit einem Hinterbein wird es aufgefangen und an eine Stelle innerhalb des Nestes befördert. Auch bei den folgenden Eiablagen werden die Eier an eine vorgesehene Stelle dirigiert. Sind alle Eier gelegt, wird der Aushub mit den Hintergliedmaßen locker über die Eier geschoben. Anschließend glättet das Weibchen die Erde mit den Hinterbeinen und planiert sie mit dem Bauchpanzer, um verräterische Spuren vor möglichen Feinden zu verbergen.

→ Grabfähige Erde

In Freilandanlagen findet die Eiablage je nach Witterung im Mai oder Juni statt. Wenn die Schildkröten über ein warmes Gewächshaus verfügen, kann es auch schon im April losgehen. In dieser Zeit sollten Sie den Eiablagehügel regelmäßig überprüfen, ob der Boden feucht genug ist und ob sich die Erde gut graben lässt. Findet das Weibchen keinen geeigneten Ort zur Eiablage, kann es zur Legenot führen.

Von Eiern und Brutkästen

Kleine Schildkröten schlüpfen

Schlupf in der Natur

Mit dem Verschließen und Tarnen der Nistgrube hat das Weibchen seine Schuldigkeit getan. Je nach Art und Verbreitungsgebiet kann es im gleichen Jahr noch zu einer zweiten oder sogar dritten Eiablage kommen. Die weitere Versorgung überlässt das Weibchen der Natur: Die Sonnenwärme sorgt für die erforderlichen Bruttemperaturen und die Bodenfeuchtigkeit für das notwendige Klima in der Nistkammer. Von diesem Klima ist auch die Entwicklungsdauer des Geleges abhängig. Es dauert etwa 3 bis 4 Monate, bis die Entwicklung der Jungtiere abgeschlossen ist.

Wie sich der Embryo entwickelt

Neben den klimatischen Bedingungen bestimmen auch die genetischen Vorgaben die Entwicklungsdauer der in den Eiern befindlichen Embryonen. Die befruchtete Eizelle und das spätere Embryo liegen während dieser Zeit auf dem großen Dottersack. Über ihnen befindet sich eine Luftkammer. Bereits kurz nach der Eiablage stehen die Positionen fest. Das Ei darf nicht mehr bewegt werden, da der Embryo sonst unter den Dottermassen ersticken würde. Blutgefäße versorgen den Embryo mit Sauerstoff und Nährstoffen. Mit zunehmendem Wachstum wird der Dottersack kleiner, die Eihüllen werden auch für das inzwischen in der Bauchmitte gefaltete Jungtier immer enger.

Hier befreit sich gerade eine kleine Griechische Landschildkröte von der Schale.

Mini-Schildkröten schlüpfen

Die Entwicklung des Embryos ist abgeschlossen und der Schlupf der kleinen Schildkröte steht bevor. An der Schnauzenspitze hat sich eine helle Hornschwiele gebildet, mit der sie die Eihüllen aufreißt. Anschließend wird das entstandene Loch mit einem Bein erweitert. Nun streckt die junge Schildkröte den Kopf hinaus und macht mit weit aufgerissenem Maul erstmals ihre ersten Atemzüge. Da der Schlüpfling noch einen kleinen Dottersack besitzt, bleibt er vorerst noch im Ei, bis dieser verbraucht und in den Bauch eingezogen ist. Danach erweitert das Jungtier mit beiden Vorderbeinen das Loch und verlässt kurz darauf das Ei. Der Schlupfvorgang kann durchaus einige Stunden dauern.

Kräftig strecken

Außerhalb der Eihülle streckt sich die kleine Schildkröte. Der weiche Panzer bekommt nun seine typische Form. Die Falte in der Bauchmitte glättet sich immer mehr und der Dotter ist nun endgültig im „Nabel" verschwunden.

Die Eier künstlich bebrüten

Wenn Ihre Schildkröte ihr Gelege in der Freilandanlage abgesetzt hat, sollten Sie die Eier auf alle Fälle künstlich bebrüten, da die Temperaturen in unseren Breiten kaum für eine natürliche Entwicklung ausreichen.

Aus den künstlich bebrüteten Eiern schlüpfen nach etwa 60 bis 70 Tagen die Jungtiere.

Deutlich erkennt man den Bauchnabel. An dieser Stelle wurde der Dottersack in die Bauchhöhle gesogen.

Den Brutapparat vorbereiten

Schalten Sie den Brutapparat ein, bevor Sie die Eier ausgraben. Besonders gut hat sich die „Kunstglucke“ (Jaeger & Pfrommer) mit Thermostat bewährt. Da sich bei einer Bebrütung unter 29°C männliche Landschildkröten entwickeln und bei 33°C weibliche, sollten Sie den Brutapparat auf 33 °C stellen, da es unter Landschildkrötenweibchen eher zu Verlusten kommt und im Allgemeinen ein Männchenüberschuss herrscht.

Eiersuche

Graben Sie mit einen Teelöffel vorsichtig die Eikammer frei. Entnehmen Sie die Eier einzeln und legen Sie sie in einen vorbereiteten Brutbehälter. Dazu können z. B. Kunststoffbehälter dienen, die etwa doppelt so hoch wie die Eier sein müssen und zur Hälfte mit einem luftigen Substrat (z. B. feinem Kies) gefüllt wurden. Legen Sie die Eier, ohne ihre Position zu verändern, in vorbereitete kleine Mulden. Damit Sie die richtige Position der Eier weiterhin erkennen, können Sie mit einem weichen Bleistift an der obersten Stelle ein Kreuz machen oder das Datum des Brutbeginns daraufschreiben.

Ab in die Brutkammer

Stellen Sie den Brutbehälter in den Brutapparat, legen Sie noch ein leicht feuchtes Tuch über den Brutbehälter und schließen Sie den Deckel des Brutapparates. Das feuchte Tuch dient dazu, die Luftfeuchtigkeit hoch zu halten. Allerdings darf es das Gelege nicht berühren. Es sollte sich auch kein Kondenswasser bilden, das auf die Eier tropfen könnte.

Einer der häufigsten Brutapparate ist die „Kunstglucke“.

Eierkontrolle

Kontrollieren Sie einmal pro Woche das Gelege, in den ersten Tagen ruhig etwas öfter. Unbefruchtete Eier verfärben sich gelblich, werden feucht oder setzen sogar Schimmel an. Sie müssen dann unverzüglich aus dem Gelege entfernt werden. Nach der Kontrolle wird wieder ein leicht angefeuchtetes Tuch über den Brutbehälter gespannt. Entfernen Sie anfallendes Kondenswasser mit Fließpapier. Schauen Sie regelmäßig auf das Thermostat, ob die Brutbedingungen stimmen.

Für
KIDS

Mini-Schildkröten aufziehen

Natürlich weißt Du, dass auch kleine Schildkröten am liebsten draußen wohnen. Doch wenn das Wetter nasskalt und wüst ist, brauchen sie noch Schutz und Wärme. Das ist meistens im Frühjahr und Herbst der Fall.

Kinderzimmer für kleine Schildkröten

Lass Dir von Deinen Eltern ein geräumiges Aquarium oder ein großes Terrarium geben. Nun füllst Du den Boden ungefähr 5–10 cm mit rundkörnigem gewaschenem Sand auf. Der Sand muss immer etwas feucht sein. Da Deine kleinen Schildkröten auch ein Versteck brauchen, stellst Du ihnen ein oder zwei kleine Höhlen in der Nähe der Wärmequelle zur Verfügung.

Sonnenbaden

Damit sich Deine Schildies aufwärmen können, brauchen sie eine Wärmequelle. Deine Eltern sollen einen Strahler oder eine Spotlampe so aufhängen, dass die Temperatur am Boden zwischen 30 und 35 °C warm ist. Die Temperatur kannst Du mit einem Thermometer überprüfen.

Damit sich Deine kleine Schildkröte selbst aussuchen kann, ob sie Licht oder Schatten möchte, kannst Du das Aufzuchtbecken mit Wurzeln, Pflanzen und Steinen dekorieren. Dann kann sie auch ein bisschen klettern und sich verstecken.

Futter für die Panzertiere

Damit die Kleinen gesund bleiben und wachsen, bist Du für ihr Futter verantwortlich. Hier ist eine Liste, was Schildkröten essen dürfen und was lieber nicht.

Ganz schön ungesund

- → Tomaten
- → Paprika
- → Gurken
- → Obst wie Kirschen oder Birnen

Gesund und lecker

- → Heu oder Heucops
- → Wiesenkräuter wie Vogelmiere, Klee oder Löwenzahn
- → Brombeerblätter
- → Alle 3 Tage etwas Mineral- und Vitaminpulver

Und natürlich Wasser!

Natürlich darf ein Wassernapf mit frischem Wasser auf keinen Fall fehlen. Den machst Du jeden Tag sauber und füllst ihn mit frischem Wasser. Dabei kannst Du gleich auch die Futterreste aus dem Terrarium nehmen und die Ausscheidungen der kleinen Reptilien entfernen.

Für Naturforscher

Und noch eins: Schildkröten mögen nicht gerne schmusen oder in die Hand genommen werden. Sie wollen lieber ihre Ruhe. Schildkröten sind eben Tiere für Naturbeobachter, also coole Kids, die sich auch leise und unauffällig durch die Natur bewegen, um das Verhalten der Wildtiere beobachten zu können.

Ab in die Kiste

Überwintern, aber richtig!

Vor der Zeit der Überwinterung werden oft noch die letzten Sonnenstrahlen genutzt.

Europäische Schildkröten haben einen Biorhythmus, der nicht nur den Tagesablauf lenkt, sondern auch den Jahresablauf bestimmt. Sobald die Tage kürzer werden und die Temperaturen sinken, stellt sich die Schildkröte auf Winterstarre ein und sucht sich ein frostsicheres Versteck.
Lassen Sie auch Ihre Schildkröten überwintern, denn das beeinflusst die biologische Uhr und damit auch den Hormonhaushalt der Tiere.

Die Entdeckung der Langsamkeit

Mit sinkenden Außentemperaturen werden die Aktivitäten heruntergefahren. Die Schildkröten bewegen sich nur noch wenig und nehmen über längere Zeit keine Nahrung mehr auf, da sie diese bei niedrigeren Temperaturen nicht mehr verdauen können.

Die Überwinterung steht bevor. Die Landschildkröten kriechen gerne in die Buchenlaubschicht.

In freier Natur suchen sie eine kleine, trockene und frostsichere Höhle auf, um dort in die Winterstarre zu verfallen. Währenddessen wird das Herz-Kreislauf-System und damit auch der Stoffwechsel so stark heruntergefahren, dass die Schildkröten monatelang ohne Nahrung auskommen.

Schildkröten richtig überwintern

Damit Ihre Schildkröte gut durch den Winter kommt, müssen Sie einige Dinge beachten:

Der geeignete Ort

Am allerbesten ist ein Keller mit Lehmboden, der immer gleich kühl ist und eine hohe Luftfeuchtigkeit aufweist. Den besitzen allerdings nur wenige. Sie können Ihre Schildkröte auch in den Lichtschächten des Hauses über-

wintern oder in einem alten Kühlschrank, der nur für die Schildies bereitsteht. Öffnen Sie den Kühlschrank (3 – 6 °C) einmal die Woche, damit frischer Sauerstoff hineinkommt.

Ab in die Kiste

Natürlich wird die Schildkröte nicht einfach so hineingelegt. Sie braucht eine Kiste, am besten aus Holz. Der Boden wird mit Substrat gefüllt, das locker, grabfähig und luftdurchlässig sein muss. Ein Gemisch aus Torfmoos (kein Torf!) und Buchenlaub eignet sich besonders gut. Manche Halter füllen erst eine 20 cm hohe Kiesschicht in die Kiste und geben die Laubmischung obendrauf.

Ruhe! Bitte nicht stören

Das Überwinterungsquartier muss dunkel und ungestört sein. Zu viel Trubel bereitet den Tieren Stress.
Achten Sie darauf, dass die Temperatur immer zwischen 3 und 6 °C liegt, ohne abzusinken oder zu steigen. Prüfen Sie ab und zu die Luftfeuchtigkeit. Wird es zu trocken, können Sie etwas Wasser seitlich der Kiste in das Substrat sickern lassen.

Fastenzeit

Bevor sich die Schildkröte zur Ruhe begibt, muss sie ihren Darm leeren, da mögliche Futterreste während der Überwinterung zu Fäulnisprozessen und zum Tod führen können. zwei bis drei Wochen vor der geplanten Überwinterung ist also fasten angesagt: Die Tiere bekommen kein Futter mehr. Sie können Ihre Schildkröten auch mal in handwarmem Wasser baden. Dabei trinken die Tiere häufig und leeren anschließend ihren Darm.

Wenn die Schildkröten noch einmal richtig trinken, können sie ihren Darm endgültig leeren.

Kontrollieren Sie die Ausscheidungen und entnehmen Sie eine Kotprobe, die Sie auf Würmer untersuchen lassen.

Herunterkühlen

Sind die Schildkröten wurmfrei, setzt man sie in ein unbeheiztes Gewächshaus, in dem sie sich bei sinkenden Temperaturen fast nur noch in ihren Höhlen aufhalten oder sich sogar in den lockeren Bodengrund oder in den Laubhaufen eingraben.
Dort ruhen sie bald, sodass sie nun problemlos in Überwinterungskisten gesetzt werden können. Kurz darauf graben sie sich ein und werden in das Überwinterungsquartier gebracht. Kontrollieren Sie in Abständen, ob das Substrat feucht genug ist und ob die Schildkröte noch schläft.
Ist sie wach, gräbt sie sich meistens wieder aus und sitzt oben auf dem Laubberg.

Tipp

So überwintern meine Schildkröten

Meine Landschildkröten überwintern in den Lichtschächten des Kellers unseres Hauses, die mit Buchenlaub gefüllt sind und danach gut abgedeckt werden. Vom Keller aus kann ich leicht und problemlos die Temperaturen und die Tiere kontrollieren.

EXTRA
Urlaubsversorgung

Die Urlaubsvertretung öffnet morgens die Schildkrötentürchen und sperrt die Tiere abends wieder ein (oben). Des Weiteren ist sie für die Fütterung der Tiere verantwortlich.

Es hilft alles nichts: Sie brauchen eine zuverlässige Person, die sich im Falle Ihrer Abwesenheit um Ihre Schildkröten kümmert. Nicht nur, wenn Sie Urlaub haben und verreisen möchten, sind Sie auf einen Helfer angewiesen, sondern auch, wenn Sie einmal krank werden, entfernt lebende Verwandte besuchen möchten oder kurzfristig auf Dienstreise müssen.

Leben Ihre Landschildkröten in einer Freilandanlage, können sie notfalls auch ein paar Tage ohne Intensivpflege auskommen. Es ist jedoch immer besser, wenn sich jemand um sie kümmert beziehungsweise ihr Wohlbefinden kontrolliert.

Aufgaben, die anfallen

In einer schildkrötenbegeisterten Familie übernimmt einfach ein anderes Familienmitglied die Pflege der Panzerträger. Wenn die ganze Familie weg-

fährt, muss ein anderer die notwendigen Aufgaben erledigen. Hierzu gehört:

- → Schildkröten täglich beobachten, ob sie sich normal verhalten und gesund sind.
- → Wassernapf reinigen und mit frischem Wasser auffüllen.
- → Schildkröten füttern und übrig gebliebene Futterreste beseitigen.
- → Eingang der Schutzhütte oder des Gewächshauses morgens öffnen und abends schließen.

Wenn sich gerade ein Gelege im Brutapparat befindet, junge Schildkröten geschlüpft sind oder eine Schildkröte krank geworden ist, kommen diese Aufgaben hinzu:

- → Gelege im Brutapparat kontrollieren. Temperatur und Luftfeuchtigkeit prüfen und gegebenenfalls das Tuch anfeuchten beziehungsweise Kondenswasser abtupfen,
- → Jungtiere überwachen und versorgen,
- → Abdeckgitter auf Dichtigkeit prüfen,
- → kranke Schildkröten mit Medikamenten versorgen.

Engagierte Helfer

Manchmal hilft auch ein interessierter Nachbar, der die Schildkröten gerne über den Zaun beobachtet. Oder ein anderer in der Nähe wohnender Schildkrötenhalter springt bei Bedarf ein. Natürlich vertreten Sie ihn auch, wenn er mal Hilfe bei seiner Schildkrötenpflege braucht. Wenn nur die tägliche Pflege der erwachsenen Tiere anfällt (also kein Gelege und keine kranken Tiere), können Sie auch einen zuverlässigen Jugendlichen aus der Nachbarschaft gewinnen, Ihre Tiere zu betreuen. Wenn er dafür vielleicht noch ein paar Euros bekommt, wird er sich bestimmt kräftig ins Zeug legen.

Werden Sie Mitglied

Als Schildkrötenhalter sollten Sie unbedingt Mitglied in der „Deutschen Gesellschaft für Herpetologie und Terrarienkunde e.V.“ (DGHT) werden. Im „Arbeitskreis Schildkröten“ finden Sie garantiert Gleichgesinnte – und mit etwas Glück einen Sachkundigen, der in der Nähe wohnt. So können Sie sich im Bedarfsfall gegenseitig vertreten. Außerdem erhalten Sie als DGHT-Mitglied nicht nur turnusgemäß mehrere Fachzeitschriften, darunter auch – wenn Sie möchten – die Schildkröten-Zeitschriften RADIATA und MINOR, sondern auch ein Anzeigen-Journal, in dem andere Mitglieder unter anderem auch Schildkröten anbieten oder suchen. Mit etwas Glück können Sie über das Anzeigen-Journal nicht nur Jungtiere finden, sondern auch einzelne erwachsene Exemplare oder sogar bestehende Zuchtgruppen erwerben.

Wenn Sie während Ihres Urlaubs gerade ein Gelege im Brutkasten haben, hat Ihre Vertretung vielleicht das Glück, dass sie beim Schlüpfen dabei sein kann.

Schildkröten müssen zu Hause bleiben!

Ihre Schildkröten bleiben auch während Ihres Urlaubs in ihrer angestammten Freilandanlage. Setzen Sie die Tiere auf keinen Fall in den Bestand eines anderen Schildkrötenbesitzers, denn dadurch besteht die Gefahr einer Infektion mit Krankheitserregern, im schlimmsten Fall sogar mit Herpes.

Fit und gepflegt

So bleiben Ihre Schildkröten gesund

Beachten Sie alles, was zur artgerechten Unterbringung, Haltung und Versorgung der Landschildkröten notwendig ist, haben Sie im Prinzip alles getan, um den Schildies in Menschenobhut ein gesundes und langes Leben zu ermöglichen. Aber auch bei optimaler Haltung können gesundheitliche Probleme auftreten. Worauf Sie achten sollten, lesen Sie hier.

Diese junge Griechische Landschildkröte leidet unter Kalziummangel. Der Panzer ist viel zu weich (rechts).

Alle fit?

Beobachten Sie Ihre Schildkröten täglich. Je besser Sie die Tiere kennen, umso eher fällt Ihnen auf, wenn sich eines nicht normal verhält. Gesunde Schildkröten kommen, wenn es Futter gibt (vorausgesetzt, die Außentemperatur ist hoch genug). Sie laufen auf Ihren kräftigen Beinen, wobei der Panzer deutlich vom Boden abgehoben ist. Wenn Sie die Schildkröten hochheben, ziehen sich die erwachsenen Tiere in ihren Panzer zurück, während junge Schildkröten manchmal kräftig mit den Armen und Beinen strampeln.

Gesunde Schildkröten kommen gleich, wenn es etwas zu essen gibt, und fressen mit Appetit.

Panzer fest?

Wie es sich für einen ordentlichen Panzer gehört, ist er fest. Schließlich soll er im Notfall schützen. Nur bei jungen Schildkröten ist er noch etwas weicher und elastisch, jedoch nicht so, dass man Dellen hineindrücken kann. Wichtig ist auch, dass er der Art entsprechend geformt ist. Wenn er zahlreiche „Hubbel", sogenannte Kamelhöcker aufweist, besitzen Sie kein sehr schönes Exemplar. Die Kamelhöcker weisen darauf hin, dass die Schildkröte falsch aufgezogen wurde: Sie wurde zu trocken gehalten oder sie litt unter Kalziummangel.

Streckt die Schildkröte den Kopf heraus, kann man erkennen, ob sich am Hals Außenparasiten (Milben, Zecken) angesammelt haben.

Augen, Nase und Ohren

Gesunde Schildkröten haben klare glänzende Augen ohne Ausfluss und Verkrustungen. Sie blicken wachsam und interessiert. Auch Nase und Mund sind trocken und frei von Absonderungen oder Verkrustungen. Ohren hat die Schildkröte nicht, aber Gehörgänge, deren jeweiliges Trommelfell gut sichtbar schräg hinter den Augen liegt.

Geräuschloser Atem

Die Schildkröte atmet gleichmäßig und geräuschlos. Nur wenn sie sich erschrickt und den Kopf einzieht, kann sie zischende, fauchende Geräusche von sich geben. Das ist jedoch normal.

Gepflegte Haut

Die Haut der Weichteile ist frei von Verletzungen und weist auch keine Parasiten wie Milben und Zecken auf. Sollten Sie eine Zecke entdecken, drehen Sie diese einfach mit einer Zeckenzange heraus und achten Sie darauf, dass der Kopf nicht stecken bleibt.

Näher hingeschaut

Für die tägliche Kontrolle reicht es, wenn Sie die Schildkröte so ansehen. Einmal in der Woche sollten Sie das Tier kurz hochnehmen, um den Bauchpanzer zu inspizieren und um die Hautfalten nach Parasiten abzusuchen.

Hornschnabel und Krallen

Bei dieser Gelegenheit können Sie gleich einen Blick auf den Hornschnabel und die Krallen werfen, ob diese nicht zu lang geworden sind. Zu lange Hornschnäbel oder Krallen muss der Tierarzt entsprechend kürzen.

Gewichtskontrolle

Einmal im Monat sollten Sie Ihre Schildkröten wiegen und das Gewicht aufschreiben, damit Sie eine Kontrolle haben. So merken Sie sofort, wenn eine nicht gut durch den Winter gekommen ist, oder aus gesundheitlichen Gründen Gewicht verliert.

Regelmäßiges Wiegen gehört zur Aufzucht dazu.

Wenn sie doch mal krank ist

Erste Hilfe für Landschildkröten

Der richtige Tierarzt

Obwohl europäische Landschildkröten bei artgerechter Unterbringung und Haltung recht selten erkranken, ist es im Ernstfall oft recht schwierig, einen geeigneten Tierarzt für die Behandlung zu finden. Dieser muss sich nämlich mit Reptilien, vor allem mit Schildkröten auskennen, ihre Erkrankung richtig diagnostizieren und behandeln können. Viele Tierärzte kennen sich zwar gut mit Hunden, Katzen und Kaninchen aus, doch bei Schildkröten bewegen sich viele auf unsicherem Terrain.

→ Transport zum Tierarzt

Wenn eine Ihrer Schildkröten zum Tierarzt muss, sollten Sie sie zugluft- und stoßsicher transportieren. Am besten füllen Sie einen Karton etwa zur Hälfte mit zusammengeknülltem Zeitungspapier und setzen die Schildkröte dort hinein. Anschließend verschließen Sie den Karton und stellen ihn rutschsicher in den Kofferraum oder auf den Fahrzeugboden.

Suchen Sie sich beizeiten einen Schildkrötenspezialisten, bevor Ihre Schildkröte erkrankt.

So finden Sie ihn

Als Mitglied der Deutschen Gesellschaft für Herpetologie und Terrarienkunde e.V. (DGHT) erhält man nicht nur immer wieder aktuelle Informationen über Reptilien im Allgemeinen – und in der AG Schildkröten über Schildkröten (Zeitschriften RADIATA und MINOR) im Speziellen, sondern in diesem Verein hat sich bereits vor längerer Zeit eine Arbeitsgruppe von Tierärzten gebildet, die sich mit der Erkrankung von Reptilien beschäftigen. Sie tauschen nicht nur auf Tagungen untereinander Erfahrungen aus, sondern stehen häufig im Kontakt, um bei Problemen einem Kollegen zu helfen. Sie finden eine Internet-Kontaktadresse im Serviceteil auf Seite 73.

Fragen Sie ruhig

Scheuen Sie sich nicht, alle Fragen, die Ihnen unter den Nägeln brennen, zu stellen. Lassen Sie sich ruhig erklären, um welche Krankheit es sich handelt, welche Diagnosen notwendig sind und wie sie behandelt werden kann. Wenn Ihre Schildkröte Medikamente einnehmen muss, lassen Sie sich die genaue Dosierung erklären. Ihr Tierarzt zeigt Ihnen sicher gern, wie Sie der Schildkröte das Medikament verabreichen können.

→ Erste Hilfe für Landschildkröten

Ursache	*Symptom*	*Maßnahmen*
Panzer- oder Knochenbruch	Eingedellter Panzer, abgewinkelte Gliedmaßen, die die Schildkröte nicht belasten möchte. Evtl. offene Wunden	Bei offenen Wunden: Reinigen Sie die Wunde mit abgekochtem Wasser und decken Sie die Wunde mit keimfreiem Verbandsmaterial ab, das Sie mit Heftpflaster fixieren. Bringen Sie das Tier umgehend zum Tierarzt, der mittels einer Röntgenaufnahme eventuelle Frakturen feststellen kann.
Bissverletzungen	Offene Wunden durch Hunde- oder Marderbisse, meist an den Weichteilen beziehungsweise am Panzerrand	Auch hier gilt: Reinigen Sie die Wunde mit abgekochtem Wasser und decken Sie die Wunde mit keimfreiem Verbandsmaterial ab. Suchen Sie Ihren Tierarzt auf, damit dieser die Wunde eventuell chirurgisch versorgen und Antibiotika verabreichen kann.
Kloakenvorfall	Schwellungen im Enddarmbereich durch Fremdkörper oder Entzündungen. Die Schildkröte presst einen Teil des Mastdarms heraus.	Baden Sie die Schildkröte in lauwarmem Wasser. Oftmals hilft das schon. Bleibt der Kloakenvorfall bestehen, decken Sie die Stelle locker mit keimfreiem Verbandmaterial ab und fixieren es mit Heftpflaster. Der Tierarzt versucht, den Kloakenvorfall manipulativ, in schweren Fällen auch chirurgisch, zu korrigieren.
Penisvorfall	Die Männchen können den Penis nach der Paarung nicht wieder in den Schwanz einziehen (kommt selten vor)	Auch hier können Sie es zuerst mit einem lauwarmen Bad versuchen. Hilft das nichts, verfahren Sie wie beim Kloakenvorfall und bringen Sie das Tier zum Tierarzt.

Lästige Plagegeister

Innen- und Außenparasiten

Schildkröten ist es oft nicht anzusehen, ob sie unter Innenparasiten leiden. Man merkt es erst im fortgeschrittenen Krankheitsstadium.

Leider haben fast alle Landschildkröten irgendwann einmal Parasiten. Die kleinen Plagegeister leben in oder auf ihrem Wirt und ernähren sich von seinem Blut, seinem Gewebe etc. Man unterscheidet zwischen Innen- und Außenparasiten.

Innenparasiten

Auch in der Natur können Landschildkröten mit der Nahrung oder dem Wasser Parasiten aufnehmen. Dies ist insbesondere bei Hexamiten (z. B. *Hexamina parva*) der Fall.

Hexamiten

Hexamiten nisten sich in die Organe ein, die in Verbindung mit dem Verdauungssystem (Leber, Nieren, Darm) stehen. Durch die Belastung magern betroffene Landschildkröten rapide ab und scheiden oft trüben Harn aus. Mit der Zeit werden sie immer apathischer und schon nach Wochen, aber auch Monaten sterben sie, sofern der Tierarzt nicht rechtzeitig einschreitet. Betroffene Schildkröten müssen sofort von den übrigen getrennt und medikamentös behandelt werden.

Amöbenruhr oder Enteritis

Amöbenruhr wird durch *Entamoeba invadens* hervorgerufen. Diese schwere Erkrankung breitet sich bevorzugt bei Tieren aus, die in Terrarien gehalten werden. Das Tückische ist, dass der Erreger Schildkröten befällt, ohne dass diese Symptome zeigen. Die infizierten Schildkröten scheiden wiederum Erreger aus, mit denen sich andere Artgenossen infizieren. Häufig wird erst nach dem Tod der Schildkröte der Befall mit *Entamoeba* festgestellt. Der Tierarzt kann die Amöben in frischem Kot nachweisen und eine Therapie einleiten. Das Terrarium muss dann völlig ausgeräumt, gesäubert und desinfiziert werden.

Salmonellen

Salmonellen gehören zu den Bakterien und lassen sich mit der Gramfärbung nachweisen. In den meisten Fällen handelt es sich bei den Erregern um *Salmonella enteriditis* oder *S. typimurium*, die eine Salmonellose oder Salmonellen-Enteritis hervorrufen können. Vorsicht, nicht nur Schildkröten können Salmonellose bekommen, sondern auch Menschen! Betroffene Schildkröten werden immer apathischer und haben häufig starke Durchfälle. Ihre Behandlung gehört in die Hände des Tierarztes.

Mykoplasmose

Zähflüssiger, trüber Nasenfluss ist oftmals ein Anzeichen einer Mykoplasmeninfektion. Manchmal gehen die Symptome durch eine Schnupfenbehandlung mit Antibiotika zurück, jedoch sind die meisten Mykoplasmen bereits Antibiotika gegenüber resistent. Mykoplasmen sind allerdings recht schwer nachzuweisen.

Wurmbefall

Viele Würmer können mithilfe einer Kotuntersuchung genau bestimmt und durch eine Entwurmung mit den darauf abgestimmten Medikamenten gezielt vernichtet werden. Ein starker Wurmbefall kann innerhalb des Wirtes zu mechanischen Problemen (Stauungen in den Organen, im Darm etc.) führen. Besonders häufig werden die Landschildkröten von Hexamiten und mehrzelligen Eingeweidewürmern (Helminthen) befallen. Zu jenen gehören häufig Madenwürmer (Oxyuren) und Spulwürmer (Askariden).

Außenparasiten

Bei diesen Parasiten hat man den Vorteil, sie mit bloßem Auge oder mit einer Lupe genauer erkennen zu können. Milben und Zecken sind bei Schildkröten häufiger zu finden.

Zecken

Zecken krabbeln im Sommer häufig auf Pflanzen und wechseln von dort gerne auf die Weichteile der Schildkröten. Nun suchen sie sich eine weiche Stelle an der Haut, vor allem in den Öffnungen der Hintergliedmaßen, an der sie sich festbeißen und Blut saugen können. Man entfernt Zecken am besten mit einer Zeckenzange.

Milben

Milben sind meist ein Zeichen dafür, dass die Terrarienhygiene vernachlässigt wurde. Milben können gelegentlich in der Kloakenregion unter der Mukosaschicht lästig werden. Zeigen Sie die befallene Schildkröte Ihrem Tierarzt. Er verordnet Ihnen ein entsprechendes Mittel, mit dem das Tier behandelt wird. Räumen Sie das Terrarium vollständig aus und desinfizieren Sie es.

Auch im Schwanzbereich siedeln sich gerne Milben an.

EXTRA

Schnelldiagnose

→ *Die häufigsten Schildkrötenkrankheiten*

Ernährungsbedingte Probleme

Krankheit	*Symptome/Ursachen*	*Behandlung*
Osteomalzie (Knochen-erweichung)	Die Knochenhärte und -festigkeit nimmt, bedingt durch mangelnde Kalziumzufuhr und fehlende UV-B-Bestrahlung ab.	Rechtzeitig für Kalziumgaben und Aufenthalt in der Sonne sorgen! Künstliche Bestrahlung mit UV-Licht
Osteoporose	Knochen- und Panzererweichung des bisher festen Knochengewebes durch eine Unterversorgung mit Kalzium	Der Kalziummangel kann durch fehlende UV-Strahlen, aber auch durch eine ungenügende Kalziumaufnahme bedingt sein. Dafür verantwortlich können z. B. auch Darmparasiten, Nierenerkrankungen, aber z. B. auch Entzündungen von Blind- und Dickdarm sein. Stellen Sie das Tier dem Tierarzt vor.
Rachitis	Wirbelsäulenverkrümmung und Knochenerweichung durch eine mangelhafte Mineralisierung (Verkalkung) der Knochen.	Rechtzeitige Mineralstoffgaben (Kalzium) und UV-Bestrahlungen (z. B. Sonne) ermöglichen.
Durchfall	Breiiger Kot. Kann durch falsches Futter (zu viel Tomaten, Gurken, Obst etc.), aber auch Infektionen und Vergiftungen hervorgerufen werden.	Kot auf Parasiten etc. untersuchen lassen. Auch wenn keine Erreger nachzuweisen sind: Das Futter unbedingt auf faserreiche Kost umstellen!.
Gicht	Bewegungsunlust, Apathie. Zu proteinreiche Kost kann zu einer Erhöhung der Uratkonzentration im Blutplasma führen. Stickstoff-Abfallprodukte lagern sich in den Nierenkanälchen, dem Herzbeutel, der Leber u. a. Organen ab.	Rechtzeitige Umstellung der Ernährung kann noch helfen. Schildkröten häufig baden und trinken lassen.

Ernährungsbedingte Probleme

Krankheit	*Symptome/Ursachen*	*Behandlung*
Vitamin-Mangelerscheinungen (Hypovitaminose)	Schleimhauterkrankungen, Durchfall, Nasenfluss, Nickhautentzündung: Vitamin A-Mangel; Nervenstörungen: Vitamin-B-Mangel; Immunschwäche: Vitamin-C-Mangel; Knochenerweichung: Vitamin-D-Mangel	Rechtzeitige Vitamin-Gaben stoppen die Mangelerscheinungen. Manchmal ist die Darmflora jedoch geschädigt, sodass auch z. B. Vitamin A nicht aus dem Provitamin Beta-Karotin hergestellt werden kann. Fragen Sie Ihren Tierarzt nach der richtigen Dosierung.
Vitamin-Überschuss (Hypervitaminose)	z. B. Hautablösungen und Wunden im Hals- und Kloakenbereich (Parakeratose) durch eine Überdosierung von Vitamin A; Bewegungsarmut durch eine Vitamin-D-Überdosierung. Dabei lagert sich Kalk in bestimmten Organen ab.	Bei Freilandhaltung und abwechslungsreicher Ernährung kommt es kaum zu diesen Erkrankungen.

Haltungsbedingte Probleme

Erkältungskrankheiten	Schleimabsonderungen aus der Nase, unregelmäßiges schweres Atmen und zunehmende Apathie mit Futterverweigerung. Zu kühle Haltung, vor allem bei Zugluft	Durch verbesserte Haltungsbedingungen kann ein leichter Schnupfen wieder von alleine zurückgehen. Erkältete Schildkröten sind sofort in ein Quarantäneterrarium zu überführen. Bei einer hartnäckigen Erkältung oder gar Lungenentzündung kommt der Tierarzt nicht an einer Antibiotikabehandlung vorbei.
Legenot	Trächtiges Weibchen läuft unruhig im Freilandterrarium herum und sucht einen geeigneten Eiablageplatz. Fehlt eine geeignete Stelle, kann es die Eier übertragen und daran sterben.	Eine Trächtigkeit kann nur durch eine Röntgenaufnahme festgestellt werden. Mit einem Wärmestrahler (z. B. Rotlicht) bringt der Tierarzt das betroffene Weibchen auf Vorzugstemperatur und injiziert ihm dann Kalzium oder ein Wehen förderndes Hormon (z. B. Oxytocin). Hilft das nicht, müssen die Eier operativ entfernt werden.

Auf einen Blick

Mein Pflegeplan

Futter für die Schildkröten

- frisches Grünfutter, vor allem Löwenzahn, Wegerich, Rot- und Weißklee
- Biosalate (Kopf- und Endiviensalat, Rucola)
- Ab und zu Möhren, Kolrabi und Grünkohl geraspelt
- Heuhäksel (kleingeschnittenes Heu über das Futter)
- Kalk in Form von Sepiaschale, Muschelgrit und/oder zerstoßener Hühnereierschale.

Täglich

Eingänge öffnen und schließen
Morgens und abends werden die Eingänge zum Gewächshaus bzw. den Schutzhütten geöffnet und wieder geschlossen. Überprüfen Sie Abdeckungen und Einfriedung auf Ein- und Ausbruchssicherheit.

Frisches Wasser
Reinigen Sie die Wasserschalen und füllen Sie diese mit frischem Wasser auf.

Futter
Füttern Sie die Schildkröten am Vormittag. Was die Schildkröten bekommen, sehen Sie in dem Kasten links unten.

Alle gesund?
Was macht die Schildkrötenbande? Sind alle fit? Die Schildkröten bewegen sich normal. Sie haben klare Augen, keinen Nasenausfluss und atmen geräuschlos. An den Gliedmaßen sind keine Verletzungen zu erkennen. Sie fressen mit Appetit.

Reste entfernen
Entfernen Sie Futterreste und Ausscheidungen. Die Hygienemaßnahmen sind bei der Terrarienhaltung besonders wichtig. In Freilandanlagen heruntergefallenes Obst beseitigen, bevor es schimmelt.

Während der Eiablagezeit
Überprüfen Sie, ob der Eiablagehügel grabfähig ist. Beobachten Sie die Weibchen, damit Sie das Gelege nach der Eiablage in den Brutkasten verfrachten können.

Wöchentlich

Hausputz

Reinigen Sie die Einrichtungsgegenstände und Scheiben und wechseln Sie das verschmutzte Bodensubstrat aus. Überprüfen Sie auch die Lampen und Messgeräte. Auch in den Freilandanlagen werden das Gewächshaus und die Frühbeete ausgekehrt und Einrichtungsgegenstände gesäubert, vor allem, wenn sich die Schildkröten oft darin aufhalten (bei schlechterem Wetter).

Gesundheits-Check

Einmal die Woche wird noch genauer hingesehen. Nehmen Sie die Schildkröte hoch und sehen Sie nach, ob sie Verletzungen, Dornen oder Zecken in den Hautfalten hat, die gegebenenfalls entfernt werden.

Die Winterkiste

Überprüfen Sie, ob Temperatur und Luftfeuchtigkeit stimmen und ob das Tier noch schläft. Im Frühjahr, wenn es wärmer wird, sollten Sie täglich nachsehen, ob sie aufgewacht und wieder an der Oberfläche der Überwinterungskiste aufgetaucht ist.

In größeren Zeitabständen/Jährlich

Auf die Waage

Einmal im Monat werden die Schildkröten gewogen, um ihr Gewicht zu überprüfen. Schreiben Sie es auf. Ein- bis zweimal im Jahr sollten Sie Kotproben entnehmen und auf Würmer untersuchen lassen.

Arbeiten rund ums Freigehege

Zweimal im Jahr ist Großputz in den Unterkünften (Gewächshaus, Schutzhütten, Frühbeete, häufig frequentierte Futterplätze) angesagt. Schrubben Sie die Wände, die Kunsthöhlen und Wurzeln, wechseln Sie in den Schutzhütten die obere Bodengrundschicht aus. Reparieren Sie immer unverzüglich die Umfriedung. Schneiden Sie evtl. Büsche zurück. Auch im Terrarium wird das Bodensubstrat komplett ausgetauscht und alles geschrubbt. Erneuern Sie hier jährlich die Lampen, auch die Leuchtstoffröhren.

Fit für den Winter

Im Herbst müssen die Überwinterungsquartiere vorbereitet werden. Die Schildkröten müssen fasten und werden gebadet. Ist der Darm entleert und die Tiere bereit, geht es bei sinkenden Temperaturen um 10 °C in die Winterkiste.

3

Verstehen & beschäftigen

Sehen, riechen, schmecken, hören

Die Sinnesleistungen der Schildies

Gelbe und rote Blüten wecken das optische Interesse der Schildies und werden intensiv beschnuppert.

Sehen

Bei ihrer Suche nach Fressbarem benutzen Landschildkröten in erster Linie ihre Augen. Mit deren Hilfe finden sie aber auch Partner, erkennen Gefahren oder den derzeitigen Stand der Sonne. Es ist bemerkenswert, dass sich Landschildkröten häufig von gelben oder rötlichen Pflanzenteilen (Blüten, Früchte) angezogen fühlen und gezielt darauf zusteuern. Würmer und mögliche Partner erkennen sie an den Bewegungen und ein leeres Schneckenhaus ist als gut geeignete Kalziumquelle willkommen.

Landschildkröten, die bereits einige Zeit in Menschenobhut sind, erkennen auch ihren Pfleger – und ob dieser endlich den Futternapf bringt.

Riechen

Haben sie die infrage kommende Nahrung erreicht, wird daran geschnuppert, um die Mahlzeit auf ihre Tauglichkeit zu überprüfen. Manchmal dauert das Beriechen der Pflanzen schon etwas länger und manchmal beißt die Schildkröte eher skeptisch in Richtung der Pflanze.

Aas oder Kot von Säugetieren können Landschildkröten auch allein mit dem Geruchssinn aufspüren – ohne diese „Appetithäppchen“ zuvor mit den Augen wahrgenommen zu haben.

Auch eine mögliche Partnerin wird ausgiebig berochen, da paarungsbereite Weibchen chemische Stoffe ausscheiden, anhand derer die Männchen dies erkennen.

Erschütterungen spüren und hören

Landschildkröten haben einen seismischen Sinn, das heißt, sie können selbst schwache Erschütterungen des Bodens spüren (herannahender Feind oder mögliche Partnerin?).

Früchte locken sowohl mit ihren Farben als auch mit ihrem Geruch.

Vor ihrem Versteck nimmt die Schildkröte ein Sonnenbad. Bei Erschütterungen des Bodens zieht sie sich zurück.

Sogar ein bisschen hören können sie. Allerdings nehmen sie mit ihren Ohren nur niedrige Frequenzen (200–500 Hertz, maximal 1000 Hertz) wahr.

Gedächtnisleistungen

Dass Landschildkröten ihren Pfleger erkennen, zeigt, dass sie zu bestimmten Gedächtnisleistungen fähig sind. Sie finden auch die Wege innerhalb ihres Reviers wieder und wissen genau, wann es sich lohnt, gewisse Bereiche aufzusuchen, weil dort in einem bestimmten Zeitraum Früchte reif geworden oder schmackhafte Pflanzen herangewachsen sind. Mit der Zeit entsteht ein deutliches Wegenetz, auf dem sich die Schildkröten auch immer wieder einmal begegnen. Treffen sich zwei Schildkröten, wird der Artgenosse ausgiebig beschnuppert – und vermutlich wiedererkannt. Mithilfe ihres Gedächtnisses erinnern sich Weibchen auch an geeignete Eiablageplätze und Männchen „wissen", wo man auf Weibchen treffen könnte.

Das Erinnerungsvermögen hilft auch dabei, immer wieder die selbst gegrabene Höhle zu finden oder die frostsichere Überwinterungshöhle.

Sinnesorgan Haut

Die Haut ist das größte Sinnesorgan. Mit ihr ermitteln Landschildkröten zum Beispiel:

- **Temperaturunterschiede.** Wird es den Tieren bei direkter Sonneneinstrahlung zu warm, ziehen sie sich an einen kühleren Ort zurück.
- **Hindernisse.** Auch bei schwacher Beleuchtung oder im Dunkeln erspüren sie Hindernisse und können ihnen ausweichen.
- **Übrigens:** Zwischen Horn- und Knochenpanzer befindet sich auch eine dünne, mit Nerven und Blutgefäßen durchzogene Haut – mit der sie fühlen können.

Für
KIDS

Für Detektive und Naturforscher

Vorsicht, Wild! Schildkröten sind wilde Tiere, eine Art gepanzerter Dino! Und weder Dinos noch gut gerüstete Ritter wollen schmusen! Auch Deine Schildkröten nicht. Schildies sind Tiere für Beobachter und Entdecker, für coole Kids, die unauffällig entdecken und beobachten wollen. Also für echte Naturforscher! Hier sind ein paar Tests, die Du machen kannst.

Geschmackstest – Was mag Deine Schildkröte am liebsten?

Lege verschiedene Futtersorten (Salatblätter, Löwenzahn, Johannisbeeren) ein Stück vor der wandernden Schildkröte nebeneinander hin und beobachte, wie sie mit der Nase das Futter prüft. Welches Futter frisst sie als erstes?

Für Spürnasen

Diesmal machst Du es etwas schwieriger: Nimm eine intensiv duftende Frucht (z. B. Erdbeeren) und verstecke sie in der Nähe der Schildkröten, sodass sie sie nicht gleich sehen können. Vielleicht versteckst Du sie hinter einem Blatt? Riechen die Schildkröten den Duft der Erdbeere und finden sie den Leckerbissen? Wenn Du den Test unbedingt machen möchtest, aber keine Erdbeeren im Haus sind, kannst Du auch Leberwurst nehmen. Landschildkröten fressen nämlich auch Aas.

Tierische Leckerbissen

Für uns nicht so lecker, aber was sagen Deine Schildkröten? Besorge Dir ein paar „Mehlwürmer aus dem Zoogeschäft und schütte sie vor die Schildkröten. Mögen sie die Insektenlarven – oder nicht?

Wer sieht zuerst den Löwenzahn?

Dieses Mal ist es ein Farbtest: Pflücke ein paar Löwenzahnblüten und lege sie in einiger Entfernung vor die Schildkröte. Was passiert jetzt? Rennt sie zu den Blumen?

Kleines Missgeschick

Hast Du Dir schon mal überlegt, was passiert, wenn die Schildkröte umfällt? Muss sie dann verkehrt herum liegen bleiben oder kommt sie wieder auf die Beine? Probiere es doch einfach aus! Dafür darfst Du sie ausnahmsweise einmal auf den Rücken legen. Was unternimmt sie jetzt? Schafft sie es, wieder in die richtige Lage zu gelangen?

Schildkrötensaison

Die Uhr der Jahreszeiten

Im Frühjahr bieten die Wiesen ein reichhaltiges Nahrungsangebot.

Das Männchen beschnuppert intensiv das Weibchen, ob es zur Paarung geeignet ist (rechts).

In den Lebensräumen der hier beschriebenen Landschildkröten herrscht im Verlauf eines Jahres ungefähr der gleiche Klimarhythmus. Dabei ist es in den nördlichen Regionen zwar etwas kühler, aber den genauen Klimaverlauf kann man jederzeit den jeweiligen Klimadaten der unterschiedlichen Regionen entnehmen, wie z. B. im Internet unter www.klimainfos.de. Unter dem Einfluss des Klimas hat sich bei den Schildkröten eine so genannte biologische Uhr entwickelt, die durch hormonelle Einflüsse gesteuert wird. Die biologische Uhr bestimmt unter anderem auch die Aktivitätszeiten im Verlauf eines Jahres.

Frühling

Mit dem Ansteigen der Frühjahrestemperaturen verlassen europäische Landschildkröten ihr frostsicheres Winterquartier und nehmen in unmittelbarer Nähe erst einmal ausgiebige Sonnenbäder. Wird es kühler, ziehen sie sich in ihr Versteck zurück, bis es wieder wärmer wird. Sobald sie ihre Betriebstemperatur halten können, wird Futter gesucht und gefressen. Sie gehen auf ihre erste Wanderung des Jahres. Denn mit dem Erwachen aus der Winterstarre erwacht auch der Fortpflanzungstrieb. Sowohl der Zeitpunkt des Erwachens als auch der Fortpflanzungstrieb wird hormonell gesteuert.

Sommer

Die Männchen suchen zum Ende des Frühlings beziehungsweise Beginn der Sommermonate intensiv nach fortpflanzungsbereiten Weibchen, mit denen sie sich paaren können. Die Weibchen können die Spermien der Männchen nach einer Paarung bis zu mehrere Jahre in ihrem Kloakenbereich speichern. Einige Zeit nach der Paarung beginnen sie, einen geeigneten Eiablageplatz zu suchen. In der Natur dienen dazu oft traditionelle Eiablageplätze, die oft auch von anderen Weibchen genutzt werden. Während des Sommers sind die Schildkröten tagsüber fast immer auf Nahrungssuche, unterbrochen von Pausen, in denen sie Sonnenbäder nehmen oder in ihrem Sommerversteck ruhen. Denn mit dem Ansteigen der Tagestemperaturen wird es den Landschildkröten manchmal zu warm, sodass sie sich an kühlere Stellen zurückziehen müssen. Ihre Aktivitäten finden im Hochsommer fast nur noch unter schattenspendenden Sträuchern statt, sodass man sie kaum zu Gesicht bekommt. Außerdem haben Kräuter und andere Nahrungspflanzen immer mehr die Konsistenz von Heu angenommen, mit vielen Rohfaserstoffen, sodass die Darmflora und -fauna für die Aufbereitung der Nährstoffe besonders aktiv ist. Innerhalb des Pflanzendickichts entwickeln sich mit der Zeit Wanderwege, die auch von anderen Schildkröten genutzt werden. Insbesondere Jungtiere verbringen ihre Jugend fast ausschließlich an leicht feuchten, kühleren Stellen mit vielen Versteckmöglichkeiten, da sie zu hohe Temperaturen noch weniger vertragen können als die erwachsenen Tiere. In klimatisch günstigen Regionen kann es zu weiteren Eiablagen kommen, sodass die Weibchen ihre Eier auf mehrere Gelege verteilen. An besonders heißen Orten legen manche Schildkröten auch eine Sommerruhephase in einem kühleren Versteck ein.

Herbst und Winter

Die Aktivitäten werden immer weniger. In den Morgenstunden nehmen sie ausgiebige Sonnenbäder. Je weiter sich der Spätherbst nähert, der mit den niedrigeren Temperaturen die Schildkröten in ihr Versteck zwingt, umso seltener nehmen sie Nahrung auf. Auch der Energieverbrauch der Schildkröten geht zurück, da das Kreislauf- und Verdauungssystem verlangsamt wird. Die biologische Uhr bereitet sie schon auf die Winterruhe vor. Hierzu gehört es zum Beispiel auch, rechtzeitig keine Nahrung mehr aufzunehmen, da sie bei kühleren Temperaturen auch nicht mehr verdaut werden kann. Je nach Region kann die kalte Jahreszeit mehrere Monate dauern. Daran angepasst, ziehen sich die Landschildkröten rechtzeitig an geschützte, frostsichere Stellen, meist Höhlen oder Ähnliches zurück und verfallen dort in die Winterstarre.

Nicht immer sind alle Eier eines Geleges befruchtet, sodass nur einige Jungtiere das Nest verlassen.

Sobald die Tage kürzer werden, suchen die Schildkröten häufiger sonnige Stellen auf.

Auf einen Blick

Schildkröten-verhalten

Sonnenanbeter

Eigentlich sind Schildkröten keine Sonnenanbeter, doch nach kühlen Nächten strecken sie ihre Glieder gern in die wärmende Sonne, um auf Betriebstemperatur zu kommen. Schließlich sind sie wechselwarm und dadurch von der Außentemperatur abhängig.

Kopf einziehen

Ist Gefahr in Verzug, ziehen sie Kopf und Gliedmaßen ein und vertrauen auf ihren schützenden Panzer. So machen es zumindest die Halsberger. Das ist die Schildkrötengruppe, zu denen auch die europäischen Landschildkröten gehören.

Schildkröten unter sich

Normalerweise sind Schildkröten friedliche Gefährten, die auch nichts gegen ein WG-Leben haben, wenn die Mischung stimmt und ausreichend Platz vorhanden ist. Problematisch wird es nur, wenn ein Männchenüberschuss herrscht. Die Jungs bedrängen die Weibchen in ihrem Paarungseifer und können sie bis zur Erschöpfung verfolgen. Durch das ständige Bedrängen kann es bei den Weibchen zur Legenot führen. Auch die Herren untereinander verstehen sich nicht besonders, wenn Damen in der Nähe sind. Hier kommt es zu Rivalitäten, die ganz schön erbittert sein können. Versuchen Sie es mit zwei Weibchen und einem Männchen. Wenn die Weibchen Eier legen, muss er vielleicht eine Zeit lang alleine leben.

Ramm-Beau

Schildkrötenmänner sind ganz schöne Draufgänger. Wenn sie auf der Suche nach einem Weibchen sind, sind sie nicht gerade zimperlich. Will das Weibchen nicht stehen bleiben, wird sie aufgeregt umrundet, mit dem Panzer gerammt oder in die Beine gebissen. Das Ganze erinnert also eher an Auto-Scooter als an Liebesspiel. Allein gehaltene Männchen nehmen alles, was einer Partnerin ähnelt. Das können Steine oder auch Schuhe sein.

Ganz schön eklig

Schildkröten sind eigentlich Allesfresser, denn auch an einem Stückchen Aas oder Säugetierkot kommen sie nicht vorbei. Klingt eklig, doch gerade für Jungtiere ist das Kotfressen wichtig, da sie dadurch notwendige Darmbakterien aufnehmen.

Bildnachweis

Die Farbfotos wurden von Ulrike Schanz extra für dieses Buch aufgenommen. Weitere Fotos stammen von Hans Reinhard/Reinhard Tierfoto (1; S. I o. l.) und Manfred Rogner (47; S. 2 o.l. & u.l., 3 u. beide, 4 o.l., 6, 8 m.l., 9, 12 beide, 13 o.l., 14 alle 3, 15 alle 3, 19 u., 20 u., 21, 22, 23 m. & u., 24 beide, 25 o., 27 o., 30 o.r., 36, 40 r., 41, 42 u., 43 o. & u., 46 u., 50 beide, 52 u., 58 o.l. & o.r., 59 m.r., 62, 65 o., 66 u.l., 67 o., 68 o.l., 73 o.)

Impressum

Umschlaggestaltung von eStudio Calamar unter Verwendung von 1 Farbfoto von Ulrike Schanz und 1 Farbfoto von Manfred Rogner (U 4).

Mit 129 Farbfotos.

Alle Angaben in diesem Buch erfolgen nach bestem Wissen und Gewissen. Sorgfalt bei der Umsetzung ist indes dennoch geboten.
Der Verlag und die Autoren übernehmen keinerlei Haftung für Personen-, Sach- oder Vermögensschäden, die aus der Anwendung der vorgestellten Materialien und Methoden entstehen könnten.

Unser gesamtes lieferbares Programm und viele weitere Informationen zu unseren Büchern, Spielen, Experimentierkästen, DVDs, Autoren und Aktivitäten finden Sie unter **www.kosmos.de**

Gedruckt auf chlorfrei gebleichtem Papier

ISBN 978-3-440-10832-1
Redaktion: Alice Rieger
Gestaltungskonzept: solutioncube GmbH, Reutlingen
Gestaltung & Satz: Atelier Krohmer, Dettingen/Erms
Produktion: Kirsten Raue / Eva Schmidt
Printed in Germany / Imprimé en Allemagne

FSC
Mix
Produktgruppe aus vorbildlich bewirtschafteten Wäldern, kontrollierten Herkünften und Recyclingholz oder -fasern
Zert.-Nr. SGS-COC-003210
www.fsc.org
© 1996 Forest Stewardship Council

Register

Meine Serviceseite

Internet-Adressen

www.clemmys.de
www.bauri.de
www.carbonaria.de
www.embl-heidelberg.html
www.radiata.de
www.schildkroeten.com
www.schildkroetenforum.de
www.schildkroetenlexikon.de
www.tortoise.org
www.udena.ch/wilf

Zum Weiterlesen

Dennert, C.: **Beitrag zur Ernährung Europäischer Landschildkröten.** Reptilia Nr. 17 und 18, NTV-Verlag, Münster 1999.

Draco–Terraristik-Themenheft **„Mediterrane Landschildkröten“**. Nr. 2 /2000. Natur und Tier-Verlag, Münster

Bundesministerium für Ernährung, Landwirtschaft und Forsten: **Gutachten über Mindestanforderungen an die Haltung von Reptilien.** Referat Tierschutz, Bonn, 1997.

Engelmann, W.-E., J. Fritzsche, R. Günther & F. J. Obst: **Lurche und Kriechtiere Europas.** Neumann Verlag, Radebeul 1993.

Rogner, H.: **Landschildkröten.** KOSMOS-Verlag, Stuttgart, 2001.

Rogner, M.: **Griechische Landschildkröten** *(Testudo hermanni hermanni, Testudo h. boettgeri, T. h. hercegovinensis)*, Verbreitung, Lebensräume, Haltung und Vermehrung. Terrarien Bibliothek, Natur und Tier-Verlag, Münster, 2005.

Rogner, M.: **Breitrandschildkröten.** Natur und Tier-Verlag, Münster, 2007.

Zeitschriften

Für Mitglieder der AG-Schildkröten in der DGHT: RADIATA und MINOR.

REPTILIA, TERRARIA, MARGINATA und DRACO erhält man bei: Natur und Tier-Verlag, An der Kleinmannbrücke 39/41, D-48157 Münster; www.ms-verlag.de; vertrieb@ms-verlag.de; Tel.: 0251-13339-0; Fax: -33

SAURIA erhält man bei: Terrariengemeinschaft Berlin, c/o: Barbara Buhle, Planetenstraße 45, D-12105 Berlin.

HERPETOFAUNA erhält man bei: herpetofauna-Verlags GmbH, Römerstraße 21, D-71384 Weinstadt

TESTUDO erhält man bei: c/o Urs Jost, Dörfli 7, CH-6212 St. Erhard, ursh.jost@bluewin.ch